赵毅衡

好一双中国眼睛

时代出版传媒股份有限公司
安徽教育出版社

图书在版编目（CIP）数据

好一双中国眼睛/赵毅衡著.—合肥：安徽教育出版社，2012.6
ISBN 978-7-5336-6699-6

Ⅰ.①好… Ⅱ.①赵… Ⅲ.①随笔-作品集-中国-当代 Ⅳ.①I267.1
中国版本图书馆CIP数据核字（2012）第115271号

书名：好一双中国眼睛		作者：赵毅衡
出 版 人：朱智润	策划编辑：何　客	责任编辑：何换生
责任印制：何惠菊	内文版式：张鑫坤	封扉设计：刘运来

出版发行：时代出版传媒股份有限公司　http://www.press-mart.com
　　　　　安徽教育出版社　http://www.ahep.com.cn
　　　　　（合肥市繁华大道西路398号，邮编：230601）
　　　　　营销部电话：(0551)3683010,3683011,3683015
排　　版：安徽创艺彩色制版有限责任公司
印　　刷：安徽新华印刷股份有限公司　电话：(0551)5859480
（如发现印装质量问题，影响阅读，请与印刷厂商联系调换）

开本：787×1092　1/32　　印张：10　　字数：190千字
版次：2012年7月第1版　　　2012年7月第1次印刷

ISBN 978-7-5336-6699-6　　　　　　　　定价：36.00元

版权所有，侵权必究

目录

1 辑一 批评,另类的

3 人类不再瞻前顾后

6 思考的无用之有用

9 对抗议的抗议

14 读者之死

18 "反贺岁片"

21 过程的快乐

25 大学中方言的地位

31 中国人学美国人太容易

35 中国人如何想象未来

40 贫困的标题

46 情色小说,女性专利

50 关于颁发"慢写文学奖"的建议

53 票友时代

57 三十年前读禁书

62 三十四十,如狼似虎

66 独木桥上的民族

69 晕书综合症

73 辑二 读洋书的多种危险

75 好一双"中国式眼睛"

84 父辈的朋友新批评派

90 英国人如何读书

99　谎不惊人死不休

104　谁能为奈保尔辩护

114　帕慕克为中国人写的书

117　在华集中营与文学

123　大胆出诗人

129　当个知识分子应当害臊

134　伊恩·麦克尤恩：大学才子今何在

138　鸡汤谁先喝

141　布斯的修辞社会

148　这个游戏的名字叫人生

155　辑三　读中国书的诸般不是

157　"革命"与"色情"：新"茅盾故事"

163　发现一位诗论家：邵洵美

170　何必为一把小葱走一次人生：忆陈敬容

185　　寻找神性：读史铁生

208　　一度好斜阳：追思吴方

221　　真理让女人走开

226　　一门新学科的诞生

229　　超越比喻的比喻

232　　爬行的身体能飞翔

237　　小聪明主义：从西方诗说到当代中国诗

245　　翻译要谈，不翻译更要谈

250　　症状的症状

254　　改变颜色的风

258　　第四次敦煌书写

266　　看过日落后眼睛何用

271　　辑四　书八戒

273　　在那写论文的快乐时光

278　爱上形式

284　窥者能看到什么

290　我怎么会写起小说来的

294　为了归来的告别

299　有一条河叫豌豆

303　为不严肃的文学史辩护

311　比较西学

辑一 批评,另类的

人类不再瞻前顾后

昆德拉的名言已经被人重复得太多："人类一思考，上帝就发笑。"岂不知上帝也是人类思考的产物，上帝发笑前最好明白：人类不思考，他就不再存在。

人看着日出日落，潮来汐去，原始时代的人裹树叶为衣，在树荫底下琢磨道理。那时的思想者掉头向过去看，苦苦思索的是人类世界的来由，有了来由，人类活在这世界上才不是偶然。各民族的大思想家，想的都是源头问题：世界和人类是如何开头的。因此人类各部族无不有创世纪。希腊人认为是赫克力思吸到朱诺的奶头，而有奶河（银河），中国人认为是女娲抟泥为人，犹太人的耶和华七天创世，都是中规中矩的源头考究。《道德经》的"道生一，一生二，二生三，三生万物"，也是在追索源头，最抽象也最高明。人类在这时绝对是微小的，不是舞台中心：当时的思想者关心整个宇宙，人是神话舞台上的尘土。

文明成形了，思想者开始思考人生如何终结，人类世界如何终结。那时文明已经发展，人无法忽视自己生性作恶。如何让恶最终得到惩罚，就成了最重要的问题。此时的思想家，个个迷恋于找出人的救赎之道，这就是哲学史家津津乐道的"轴心时代"——世界范围内的超越思考时期：全世界伟大的宗教，都在公元前八到三世纪诞生。宗教要回答的是人类的结局：何人升天，何人入地狱，在地狱里应当给予何种惩罚，或是转世投胎得到报应。如果一次死亡不能解决一切善偿恶报问题，那么就要等《启示录》四骑士履及剑及，耶稣二度降临，或是弥勒降生，在世界结束时，从坟墓里抓出死者，一切人都得受审。

宗教虽然也从神话那里保存了起源之说，大多保留着前人留下的创世神话，但是创世似乎并非宗教之必须。佛教从来没有说清楚世界多少亿个"劫"之前的源头，但是佛教对未来是一丝不苟的。

到了现代，"科学"的累积型发展，使历史有了"方向性"——这就是"进步观"。人忽然明白自己是自身历史的创造者，思想的本位，存在的出发点。达尔文的历史借生存竞争而进化，黑格尔的历史朝着绝对精神螺旋上升，马克思的历史靠生产力发展而不断完善。人类成为世界的当然主宰，历史就是人不断改造世界的"进步"历史。

这是人类思想最快乐，行为却最猖狂的一段时期。借进步之名，几百万人可以用毒气杀得，死几千万人的仗也打得。当然，人类吃光地球的本领也空前绝后：整个世界已经像个被白蚁蛀空的大树，面目全非。人类文明发展到如此不堪的地步，倒也是进步应当付出的代价。

于是我们到了当代，在大多数国家"进步"已经声名狼藉。我们对起源已经不感兴趣：宇宙起源于大爆炸，万物如孙猴子都是爆出来的；我们对未来也失去了兴趣：恶人善人未来都吃麦当劳，喝星巴克。对吃喝玩乐不感兴趣的弥勒佛或耶稣，缺乏娱乐价值，再度降临这个世界也不会有人注意。

那么当今的哲人想什么？想"当下"的意义。想人类历史已经不需要方向，想存在如何先于本质，想符号已经只指向自身，想结构如何像翻麻将牌一样地产生本真，想一切可能的规律都被推翻或"悬置"，人类彻底解脱的痛快。

没有必要指责思想家们不负责任，人类瞻前顾后已经太久，人类追求一个方向也已经太累。思想家与平头百姓相同，看着今日杯中尚有余酒，就不妨自得其乐地点头，对此，海德格尔有漂亮的说法：生存是"诗意地栖居"。既然生存的本质是诗意的，就不可能说清楚，说清了反而煞风景。人苦思了几千年生命意义何在，最后的结果是一个酒嗝："难得糊涂。"

思考的无用之有用

学以致用,想起来是不成为问题的问题:这是我们从小接受的教导,听起来也是不言自明之理,自我澄明无须讨论。我们每年填表格,对"本课题的学术价值和社会价值","本课题解决国家、行业、区域重大需求的预期贡献"等等,照例都能说上一通。或许我们心中只是应付差事:上级喜欢读这种表格,实际上我们没有别的理由自辩。

学必致用,是儒家实践哲学的一部分,儒学在历史上变成经世致用之学,实用精神已经深入中国人的文化基因。很多人认为理学"失于空疏",实际上依然是儒家实学。例如理学各家对于知与行之先后、轻重、难易,各有所辩难,弄得当代思想家也不得不接着谈。知行必须合一这一点,却无需辩论不言自明。程朱讲"知先行后",王阳明要求知行并进,要求"知是行之始,行是知之成"。程朱比王学清醒:他们至少把知行分作两桩事去做,把"知"隔出来追求。

但是，刨根究底问一句：究竟为什么必须"行其所知"？我们对此几乎从无质疑。个中原因，是中国思想的泛道德主义。知行若可分离，思索就不必济世，作为读书人，人格已破产。学与用若可以分离，学者就错用特权，忘记为国家谋福利。

翻检历史，我们可以看到层出不穷的事例：真正推动人类文化进步的（顺便也使国家成为文化强国的），往往是不切实际、无关功利的理论：数学如此，物理如此，哲学如此，艺术更是如此。需要固然是发现和发明之母，但好奇心，却是求知更重要的更持久的推动力。

而且，好奇心能让研究者不满意发现，而作抽象的普遍规律的思考。对现象后底蕴的兴趣，能促动人寻找适用任何场合的普遍规律。我们引以为傲的指南针等三大发明没有发展成三个学科。《梦溪笔谈》已经看到磁石指南"莫可原其理"，但就是未深究下去。祖冲之的圆周率七位计算，其说为"径一丈周三丈一尺四寸一分五厘九毫二丝六忽"，如此表现方式，也可能源于实用，但是天才的思索，也就很难延续下去。

拒绝抽象的习惯，植根于实用精神：使中国思想满足于意义的在场性，不去作普遍化的追寻。抽象的结果，有可能具有开拓出新的体系那样的大用，但哪怕最终依然是思想游戏，也不是坏事。对于思索，不能以有无实用价值论之。

即使在中国，也有看出知行不必合一的人。老子主张"知其白，守其黑"；庄子求"无用之用"；佛家则认为"智慧"是解脱之道。现代性在中国萌芽时，谭嗣同要求"贵知不贵行"。他认为真正的思想领袖，"皆以空言垂世，而不克行之"。"五四"之时，实用救国的需要越发迫切，二十年代中期，周作人已经提出"礼赞希腊人的好学……纯粹求知而非实用"。如此超越实学的知行观，在中国历史上前后辉映，难能可贵。

据说曾经有一个学生问柏拉图：你的学问有什么用？柏拉图听后给他钱，叫他离开学院。中国当代学术要纠偏，没有必要走得那么远，毕竟中国科学技术界还要赶超许多先进技术。中国人完全不必担心过分虚空的学问泛滥，国家体制和商业社会，会极其迅疾有效地把研究者拉回实用。而要改造对过于求实的学风，需要学界对中国学术历程认真反思，在学院内开始创造一种新的学风。

幸亏，中国学界目前已经非常庞大甚至拥挤，在研究者人数上，在刊物数量上，在学术资源的投入上，都已经可以而且应该允许（先不必说鼓励）一部分人作"无用"的思考。哪怕现在看起来无用，哪怕最后也证实为无用，有利无弊。相反，大家拥挤着做有"立竿见影"实效的学问，已经证明创见甚少，行之不远，重复低效，浪费资源。考虑到中华民族的未来，"允许学术非功利"这一步再不走，就太晚了。

对抗议的抗议

香港和菲律宾发生了大规模抗议示威,原因是香港作家陶杰写了一篇乱开玩笑的文字,其中说菲律宾是"仆人之国"。菲律宾人对"辱菲"血脉贲张地抗议已经历有年矣:二〇〇七年十月,美国ABC播放连续剧 *Desperate Housewives*,其中调侃菲律宾培养的医生,菲律宾卫生部长写信去抗议,ABC道歉并同意重播时删去有关台词;二〇〇八年九月,英国BBC一部喜剧,其中有老板教菲佣做性挑逗动作,也引发菲律宾人的强烈抗议,BBC随后也公开道歉。陶杰精通英文,消息灵通,应当明白菲律宾人容易被得罪。不过,谁知道,也许他就是有意点这个穴,闹个大名鼎鼎?然后道歉再弄个曝光?

我总觉得,如果有哪部艺术作品得罪了某些人,观众首先要问问自己:为什么明知会被得罪,偏偏要去看,而且看到底,而且反复看直到让自己怒不可遏。例如我,我受不了大胡子吻小胡子。但是我有办法:一看屏幕上有两个男人眉来眼去,言语挑逗,就立即按遥控器转台。这个办法绝对有效:不给这个电视台增加收视率。

但是美国的福音派基督教不采用我的方法,一定要到放同性恋电影的电影院抗议。就像有些国家的女权主义者,到书店里,把"色情"书刊全扒拉到地上,警察赶到,她们才扬长而去。原来他们不是自己不看,而是不想让别人看,他们关心的是大众的道德。

然而大众似乎并不感谢。原因很简单:一件艺术品,不可能得罪"全体人民"。据说所有的人类文明,只有两个共同禁忌:乱伦与食人,没有进化到设立此二禁忌的部族,恐怕不便称作文明人。但是偏偏在艺术中,这两个禁忌可以表现。希腊悲剧因写乱伦而伟大,就不用说了;北京的"行为艺术家"吃死孩子,纪录片一放,西方观众大哗。实际上西方银幕上天天不断的吸血鬼,不也是吃人者?艺术也要放到艺术的地方,不能放到纪录片里。

很多人说,抗议是受欺凌的边缘弱势集团的自卫权,值得尊重。实际上主流社会集团一样要抗议。二〇〇六年BBC电视台播出音乐剧《杰里斯普林格》,主人公是几年前美国一个专门掘男女关系隐私来"当台解决"的主持人。此剧在伦敦热演一年多,争论很大,因为写这位主持人下了地狱,在那里主持解决魔王与耶稣的争执,耶稣竟然是个围着一块尿布的胖子。上帝耶和华也被请来,上帝打扮得花里胡哨,活脱脱是个中年后的猫王。而且此剧从头到尾爆粗口，我第一次听见脏话配上曲，女声合唱起来，可以那么动听！

BBC排出节目预告，马上收到近三万封基督教徒抗议信，发出各种威胁。播放前果然有几百人在楼外示威抗议。BBC如临大敌，只好在片头打出欢迎争论之类的声明。但是播放过后，收到的信却不到一千封，是事先抗议信的三十分之一。可见抗议者主要是为我们大家好，如果已经看过，也就算了，不想再为侮辱基督的人做免费宣传。

都说美国犹太人势力大，但是犹太人有个心病：《圣经》福音书说犹太人出卖了他们的同胞耶稣，说了有两千年，至今还在说。梅尔·吉布森的电影《耶稣受难记》在纽约上演时，犹太人到电影院抗议。闹的结果，是首映周末票房冲过四千万美元：看来美国犹太人不如英国基督徒聪明。

应当说，大部分如此之类的"辱X"抗议，来自弱势集团，处在弱势地位，不得不小心保护自己的形象。在国外，我们亲身感受过种族歧视。不过，歧视是艺术弄出来的？恐怕不是。

二〇〇四年英国伯明翰上演《耻辱》，一位锡克族女剧作家写的话剧，写在锡克教庙宇里发生的强奸案。结果引发英国的锡克族示威，把玻璃砸了。警方怕控制不住，剧院怕出乱子，只好停演。此事牵涉到法规：警方按法律应当不应当尽保护之责，最后内务部长不得不出来说话。这位女部长有妙言:"有人特地来抗议,不是很关心戏剧吗?以前有多少人听说你们的剧?现在可是全国扬名!"典型的政客推诿话,不过细想,不无道理。

不少理论家讨论西方电影中的华人形象,对于英国拍的许多傅满洲电影,深恶痛绝,认为是"妖魔化华人"的典型例子。此种论文太多了,现成的论辩、现成的证据,怎么写也必然学术上过关的保险题目。我特地找了电影档案库看了几部,觉得相当有趣:演魔头傅满洲的是名演员克里斯多佛·李,周信芳的女儿周采芹演傅满洲妖艳的女儿,满场舞蹁跹。西方电影中的华人形象,难得有那么神气,哪怕是"坏人",神采飞扬就是精彩。

有重写这个题目的中国博士生问我:如何才能更进一步深入剖析令全世界华人痛心疾首难以释怀的"傅满洲形象"?如何才能阻止此种"辱华"艺术再次发生?我反问这个学生:全世界闻名的吸血鬼侯爵特拉库拉,据说是罗马尼亚人,怎么罗马尼亚人没有觉得是绝大侮辱,没有多少人抗议?那位学生说,那是因为罗马尼亚人也是白色人种。此言令我愕然:难道人的尊严就皮肤那么浅?

须知,"瞧不起人"是每个人的心灵一个必然组成部分:没有一个人会瞧得起所有的人;只有靠瞧不起某些人,我们才能树立自我价值。只是我们都是文明人,懂得"尊重别人",能做到把瞧不起放在心里不说,尽量给别人留点面子。要在人心中做到人人平等,反而是违反人性的。因此，应当明白某些地方发生了公众性侮辱事件，是一伙人违反了文明社会的"面具原则"。我们应当抗议，但是也应当明白，我们的抗议，最好的效果也只是强迫他们挂上礼貌的微笑，对我们虚伪一些。

唯一能长期解决问题的，是拿出真本事，让他们口服之后，渐渐心服。然后，真正心服之后口服。我每次看到李小龙把各种肤色的人一个个打得吐血，反而很不是滋味——中国人没有那么喜欢暴力。哪怕打的是"坏人"，也不是这么虐待狂式地下拳脚。李小龙对在全世界推进中国艺术，功莫大焉，历史上将其大书特书。但是我从来不认为李小龙"长了中国人志气"，我抗议歧视，我也抗议有意引发抗议的抗议。

读者之死

理论家们在举行丧礼,给"读者"念悼词。写得情辞并茂,催人泪下。我是一个古怪的吊客,一个不可救药的怀疑论者。我现在看看灵床,看到死者的遗容,悲伤之余,不免对死者的身份有点好奇。

首先,这位死去的读者先生,是什么国籍?细听三位的悼词:唐小林举出中国国情调查的一系列数字,而且说欧洲人似乎保留了读书习惯。那么,这位不幸的死者,似乎是中国血统较多,欧洲血统较少。他不是一个"普遍读者",他是中国大陆读者。

刘朝谦哀悼中国文学院学生几乎没有读过经典文学(这点全世界一样:西方学生全班都读过的文学作品,不是普鲁斯特,而是哈里波特),那么这位死者不是一般读者,是所谓"职业读者"——文学院学生,将来的文学教师和批评家。欧震指出读者是一个历史概念,现在死亡的是一个历史存在。读者不是寿终正寝了,而是变形为消费者。

这个相当福柯的解释,当然精彩。那么我们哀悼的这位死者,是否真曾经具有实体?甚至现在躺在灵床上的尸体,也经不住手指一点——只是一具幽灵的幽灵?

死者长已矣,无法起死回生。实际上他可能躺在那里挺舒服的,尤其是听到我们如此悲恸,他无眼珠的眼眶也感动得流泪:一个时代结束了,这个时代据说叫做经典时代,他曾经在那个时代扮演英雄角色,例如,杀死了作者(有巴尔特大师见证),决定文本意义(有伊瑟尔、费许等权威见证)。

让我来偷偷说一句对不起死者的话:这位死者的"读者先生"身份有点可疑。能作出如此英雄行动的读者,不是"读者",而是披着读者羊皮的批评家之狼:批评家在今日很可能死了,因为已经听不到他们的声音(原先他们的演说是重要文化节目)。死因很可能是失语后忧郁自杀。

而且这位批评家先生很可能是一位中国人,因为他们一生经历悲惨。唐小林描述他们长期是政治的回声板,按钦点评论经典。后来曾经有意气风发的好日子,可惜为时过短。想想死者的一生患难,的确让我们伤心。所以听到唐小林的看法:读者之死,是"汉语知识分子的精英焦虑"。我不免又朝死者遗体投去哀伤的一瞥。

写到此,我可能已经激起公愤:难道读者没有死亡?如果没死,读者在哪里?的确,四顾茫茫,看不到读者的影子。他们到哪里去了?不是躺在棺材里,还能在哪儿?

君不见：关于读者人数的统计数字正像烂桃子一样往下掉？

我想说的正是：统计不可靠的地方，在于它给的是百分比，不是绝对数字。我们不能证明当今读者的绝对数量在下跌。甚至文学院学生统计，都不能让人信服，因为如今每年全国文学院新招学生数量可能有十多万，而成为历史神话的清华国学院，每年学生只以个位计。统计比例数学小了，读者绝对数量并不少。

那么，我们还要不要讨论"读者之死"？要，很有必要。一般意义上的"读者"，本来可能就没有活过。职业读者（阐释学的主体）的确面临灭种的危机。他们（就是我们各位）丁克无后，文学院学生质量降低，将是我们的文化发生重大变化。一个无需阐释只供消耗的文本，不是正常文本；一个无须批评只供消费的文化，不是正常文化。

不正常又如何？如此严重的不正常，将引人类文明的坠落，甚至消亡。我不是危言耸听。我们正面临人类文明的重大转折，而现代中国一向是转弯最快，转得最激烈，动作最大。因此，中国可能比美国后现代，美国肯定比欧洲后现代。灵床上这位死者的中国血统，使我们面临的题目，更加迫切。所以，我们讨论的既是世界问题，更是中国问题。

在这点上，我对当代法国理论家很有意见：他们如挥剑骑士般无情，对法兰西文化无损，无妨过过摧毁瘾。在其他国家，理论时髦化直接导致理论虚无。

因此，我呼吁各位思想着的人们（我不向已经被宣布死亡的"读者"呼吁），仔细读这些文字，参加这场讨论。因为，丧钟正为我们而鸣。

"反贺岁片"

标题不是反对贺岁片,我没有这个胆量。全国人民要快快乐乐过年,包四喜饺子,看春节晚会,加贺岁新片。普天同乐,万家灯火,天下无贼,何人反对?

我的标题打快了,引号放错位置:我不是说"反"贺岁片,我只是想说:"反贺"岁片,或许是新潮。

"贺岁故事"是英国的一个人叫狄更斯,一百五十年前发明的文体,集成一本《圣诞欢歌》。在狄更斯是创新,此后人人学样,情节就公式化之极——世界上有好人坏人:好人受苦,坏人得意;好人宽容,坏人心窄;好人乐天,坏人老跟自己过不去。一年三百六十四天如此,但是圣诞夜要翻一下个儿,让得意、凶狠、心窄的坏人"觉悟"一夜,做点好事,第二天起无妨依然故我,继续为富不仁。但是圣诞平安夜,人人必须变一下。

此种"贺岁"故事,一看就是"反现实主义"。人的本性哪能那么容易改变?无非是讨个彩头,许个愿。过节就能"改造社会",还要花若许力气闹革命或推动改良吗?天天记住节庆精神,欣赏互相交换的礼物,人类不就进入大同天地?

错了,实际原因恰恰相反:"贺岁小说"或"贺岁片"的毛病,不在于虚假不现实,而在于太真实:每年的这一夜,凡是货真价实的坏人都想做一点好事,凡是老实巴交的好人都想放纵一回;营养不良的穷人必需饱餐一顿,捞足捞够的富翁都愿意施舍一点。所以我怀疑所有的节庆,都不是"文明"的产物,而是原始社会平等精神残留。

最明显的例子,如圣诞节,连战争都可能打不下去。拿破仑战争、克里米亚战争、波尔战争、第一次世界大战,都出现过"圣诞休战":交战双方士兵,小心翼翼互发信号,互认君子谈定了条件,然后跳出战壕,在篝火旁握手言欢,打牌歌舞,分享过节伙食,甚至踢一场足球友谊赛。

有不少历史学家认为这是下层士兵的"反战"抗议。但是现在研究档案发现,指挥官虽然生气,联欢冲淡了冬季攻势的腾腾杀气,但是都睁眼闭眼,没有去抓带头人就地正法。而下级军官参加战地狂欢的为数不少。可惜的是,第二天大炮又开始轰鸣,狙击手又狠又准地打烂昨天刚拥抱过的对方守门员头颅。各交战国一贯煽动沙文主义狂热的报纸,都赞扬报道"节日停战",但是也都警告:假日一过,就该为国壮烈牺牲。

这本来不奇怪:一年中吵得不亦乐乎的兄弟姐妹,圣诞都要聚一桌。谁借醉生事，谁最没有风度。要打官司，明天就是来年，来得及。

由此可见，"贺岁故事"实在是假中之假。真正贺岁，应当反其道而行之：果然近年开始流行"反贺岁片"：《恐怖圣诞》（*Surviving Christmas*）、《一家疯子过圣诞》（*Christmas with the Kranks*），甚至《圣诞坏老》（*Bad Santa*）。里面有老太太吸煤气自杀，假扮的圣诞老人行凶杀人，用堆雪人的木铲可以把人打晕。各种各样本来应当过了年节才发生的事情，成了反贺岁片热衷的故事。

如此冲撞神明，亵渎喜庆，会不会遭观众反对？票房证明恰恰相反：老老少少观众都蜂拥去看这些有意败坏吉利的电影。《恶童》（*Elf*）及时在节令上演，一周票房收入为投资的九倍。观众掏腰包之余，感谢导演让他们在圣诞的灯彩酒香中看到：人的劣根性不会改变，人类不再原始，文明已经成熟。

我喜欢在吉庆宴会上大声讨论不吉利题目，例如明年流感爆发，股市大跌之类，引起全场侧目。我偷偷窃笑：至多明年不请我。鲁迅说过：不吉利话，是最真实的话。只是过节的人，不喜欢知道真相。

一年年过去，吉利已经变成虚伪，贺岁总会甜腻陈旧，那时人们就会欢迎"反贺岁片"。我在此宣布：我已经想出一个坏人在除夕夜轰轰烈烈做坏事的故事，不知哪些中国观众会不看春晚看我的故事？

过程的快乐

看到书题,看到朴素而典雅的封面,像看到老友聚会。只是他们没有随着时间衰老:这是一群永远风姿潇飒的人物,他们平静地听着新来者挤挤攘攘的吼喊,看着后面那些充满了弑父杀机的俄狄浦斯面孔,他们用夹着难懂词的语言,自信地笑谈着。

是的,我认识他们,曾经对他们充满崇敬,只是近年不太重读他们,时间全花在赶读新出的时髦理论书。等到我看到江苏教育出版社推出的这套书,重新翻读,才明白巴尔特说"好书是供重读的",说的不只是文学作品,对理论一样如此。

翻开李欧梵先生的总序,很高兴地看到他推荐这批书的原因,就是根据他自己的学术成长史,找出当时让他读得佩服之极的书,"重溯理论谱系"。因为这些书并没有"进入历史的垃圾堆",而是滔滔大河上,后浪借以推出自己的"前浪"。

老是有学生问我,跟在西方人从一个新理论奔到另一个新理论,疲于奔命累不累?为什么不能忘记西方人这一套理论,完全依靠中国典籍、中国本有思想资源,建立自己的体系?

这个问题一再重复,我不得不在此设法做个回答。不然,我们就要回答一个后续的问题:在西方已经是"过去时"的书,有什么必要重读?这个问题实际上分成几个问题,混成一堆后更说不清,必须分开来解答。

首先,我们所说的"西方文学—文化理论",虽然可以溯源到希腊希伯来文化之根,但是一直到二十世纪初,不存在这个理论体系。这个理论体系是二十世纪初,从几个源头上"自发"产生的,就是说创始人互不相识,互不了解。弗洛伊德好像不了解马克思主义,胡塞尔到中后期才接触弗洛伊德,索绪尔与皮尔斯没有听到对方过名字,什克洛夫斯基不知道艾略特。这个理论的四大柱子——马克思主义、精神分析、形式分析、现象学/阐释学——现在虽然会合,例如克里斯蒂瓦、福柯、德勒兹、波德里亚这样的学者,打穿三家四家,无法以一家名之。但是这四个柱子,在二十世纪初之前,没有铸成,在二十世纪六十年代前,也没有合拢。这就是为什么韦勒克这样"跨系统"的人物,当时很珍贵,这套丛书收入多本。虽然马克思主义起始较早,但是汇入这理论体系中的是所谓"文化马克思主义"，也要到二十世纪二三十年代的卢卡契、葛兰西，才开始出现。

所以，问题就比较简单了：既然截至二十世纪初，这个所谓西方理论体系，在西方也并不存在，那么，要求十九世纪末之前的中国本有思想资源，单独支撑一个能解决当今中国文化面临问题的理论体系，岂非太不公平？反过来说，这个设想如果可行，也要重读这套丛书，才能知己知彼，才能弄得切实。

第二个问题是，中国学界什么时候开始研究西方理论的？可以说，朱光潜早就在研究克罗齐和黑格尔，牟宗三早就在研究康德，但是中国没有人真正认真介绍二十世纪西方理论。上世纪七十年代末先师卞之琳建议我从"新批评"着手时，我在北京各高校图书馆仔细做了搜寻，只发现曹葆华在三十年代有一本小书，翻译瑞恰慈个别篇章。李欧梵在此丛书总序中问："燕卜荪还曾到中国任教过，但为什么后继无人？"我接触过好几位前辈，燕卜荪的亲炙弟子，例如王佐良先生、巫宁坤先生、袁可嘉先生，还接触过南京大学赵瑞蕻先生，他们倒是说起过燕卜荪的轶事，但是没有人介绍过他的理论。袁可嘉先生后来做了许多工作介绍西方理论，那时我们这些学生已经直接找原作来读了。可以说，八十年代，整个中国学术界都在恶补，在八十年代，大家也不以补课为耻，因为几十年隔绝，不准读书之苦，记忆犹新。

到了九十年代,我就发现国内学子们开始不耐烦,总是再问:"什么是最新理论?要最新的。"用十年时间补了八十年的课,就开始追新,没有消化好,无怪乎一直力不从心气喘吁吁。这还是就整个中国学术界而言的。就每个学生本人而言,恐怕完全跳过了这个理论的发展过程,没有吃早饭,直奔洋式大餐而去。

这倒不是看不起中国学生,说中国人没有资格谈新理论。我在西方多年教授比较文学理论,深知西方学生一样吃奢谈理论新潮之苦。看他们的作业,一见题目就知道他们必然用什么理论:评第三世界作家,必用后殖民主义;评女性作家,必用性别理论;评俗文学,必用后现代理论。用的是现成药方,何必苦学药理?这样做出来的论文,偶然会有点灵光闪现,大多数是学术八股,套用词语而已。国内学生的作业论文,我也看了不少,除了引用的中文翻译更不可靠之外,其他毛病大致类似。

所以《西方现代批评经典译丛》这套书,真是功德无量。这套书没有过时,对中国学界,对中国学生,这些肯定是跳不过的书。学习的过程是跳不过的,过程也是美丽的。做个弄潮儿当然好,永远跟着新的潮锋走当然好,看冲浪的好手在浪尖上飞啸而过当然好。但是潮后还有潮,你还是得从潮头下来,沉潜到水里,看潮水是在什么地基上涌起的,下次在潮头升起时,才会有乘风破浪的自信。

大学中方言的地位

在某大学网的BBS上,看到一个新入学大学生写的留言:

> 第一节数学课,老师说,"学校规定五十岁以上不用讲普通话,我五十多了,可以不用讲。"几乎晕倒。
>
> 第二节机械制图,老师不到四十,说,"我说本地话,大家慢慢就听懂了。要我说'本地普通话',大家就永远听不懂。"勉强撑住。
>
> 第三节语文课,老师一进来就说本地话,完全听不懂,无须理由。彻底崩溃。

网上语言总是夸张的,不过这三种推词,都是常听到,网上此段子好像没有失实。国家教委几年前发动的"去方言运动",似乎没有奏效。中国各地高校的"方言教课"现象，不仅没有改进，近年反而有"方言年轻化的趋势"。

不过我们应当看到光明：各地有不少大学，正在规划建成"国际化大学"。的确，我见到的几乎所有的高校，新房子都很漂亮，与欧美西方的大学比，只是墙上蔓藤少些，校长和系主任办公室，全都是宽敞亮堂，远远过之而无不及。国际化的房子已经有了，但是离国际化距离并没有缩短。

方言教学，与国际化有什么妨碍？应当说，没有必然联系。但是方言教学现象之所以难改，是因为教师几乎全部是本地人：半个世纪近亲繁殖，四世同堂，代代师承，学术也通过乡音承传。现在教委规定不准留本校博士生，但是没有说不准留本校以前的学生，因此本校生到外校读研，回头依然可以投奔恩师，衣锦还乡。

国家无法规定"不准本地人回来做教师"。有熟悉情况的朋友告诉我，除了北京各高校，以及深圳、海南这样的新区大学，走遍全国，绝大部分大学都是"乡亲大学"，方言天下。会议开场时主席用普通话以示严肃，发言讨论就进入方言以求倾吐心声，吃透精神；文科上课普通话较多，用方言念唐诗未免太搞笑，理工科自恃是国际语言，用本地话上课"让学生明白"；招待来访者时，开始尊重客人，坚持五分钟普通话，礼貌尽过，就是满桌方言笑语喧哗，酒酣耳热痛快淋漓。

半个多世纪的国家建设，没有防到的一个局势，就是

"便于管理"的户口制度人事制度，使地区之间人员流动减少。"文革"前，情况还好一些：高教部有意让毕业生分到五湖四海，"到祖国需要的地方去"，大学里外地教师相当多；"文革"后有选择工作单位的自由，被分配到外地就纷纷还乡，而且此后愿意在外地大学就职的人越来越少。二十多年下来，大学教师队伍，就如中学小学一样"地方化"了。我查了一些省列入"二一一"工程的全国重点大学的教员介绍网页，发现本省人占百分之九十五以上，不知那几个外乡人是如何"流落"到那里去的，现在乡愁如何深长，游子是否思归。至于非重点大学，老乡几乎百分百。

各地大学都成了乡亲天下，其他机构就不用说了。除了省市最高领导，中央注意流动轮换，大学教师要回奔家乡，中央也无法控制。这局面不是用规定就能改变的：安土重迁是几千年文化积累，当今社会又是人脉最重要，也只有在家乡混才不吃亏。

有好几个中青年学术新星告诉我，他们应聘到上海著名高校，开始觉得很荣耀，过一阵就发现不自在：本来大家聊得好好的，突然两个同事越过他头顶，说起赛如希腊文的上海话，好像在说什么针对他的秘密话，有意让他听不懂。开始他责怪自己过分疑心，但是几次一来，"终究是外人"的感觉就不可避免了。明白深入上海知识圈子不是容易事，在方言压力下，立足上海的决心最后就动摇了。

上海是中国最"国际化"的都市。上海现在对外夸耀的说法是：一环之内，已经流行说英语；二环之内，流行说普通话；二环之外，才流行上海话。此话是否自吹，去一趟上海就可检证。不妙的是，上海的高校，大都在二环之外，大学教师说上海话，也就情有可原。据报载：沪宁杭地区，"专业人员"无须外求，人才富裕。哪怕对外部人才吸引力减弱，也没有关系。果真是这样，又何必"国际化"？

上海如此，其他地方就更不用说了。所以"流落外地"的知识分子，最后都是早作归计，回到本省方言自得其乐的温暖怀抱之中。

只有北京的高校，教师中没有北京话优势，对欲加盟的老师，哪怕福利待遇条件比外地大学差一些，也照样有吸引力；对来读书的学生，更有魅力：不会被占大多数的本地学生视为异类。说漂亮京片子的，在大学校园里是少数，在出租车司机中才是压倒优势。

很多人告诉我，现在经商的外地人，比大学教授外地人比例大得多，各地的公司高层管理中，也很难听到本地口音。也有人指出，现在小学教师不能不说普通话，学问越高，压力越小。大学教授，当然就有最高方言自由。

说到底，乡亲大学之所以普遍，是因为学生中本地人居多，教师讲方言，他们感到亲切；教师用方言幽上一默，学生都能会心一笑。水乳交融，喜乐与共。而少数外地学生,到此地忍受几年,尝够方言的异化压力,更痛感家乡之亲切。于是毕业即是叛逆期的结束,泪汪汪地回去拥抱自己的老乡,接上在当今社会最宝贵的财富——人脉。

大学的本地化,是社会孤岛化的缩影。大学教师开门办学面向社会,正好用方言领导本地文化。报载有一批上海的大学教授,建议"保护上海方言,拯救上海文化",看来他们很尽职。我倒是建议有关部门做个全国大学教师出生地调查,看看大学乡亲化的程度。科研队伍"近亲繁殖",现在大家已经深知其弊,大学乡亲化,似乎是无所谓的事情。既如此,又何必谈什么国际化?

欧美国家,当然也是方言极多。例如苏格兰方言,让我们这种外国人苦不堪言。但是大学教师中,本地人极少,校园里也听不到本地街头老百姓的方言。我想这与知识分子异地就职的文化习俗有关,也与选拔教师的招聘方式有关:入围的候选者,如果一口本地方言,面试时多半会被招聘委员会投票刷下去。因为招聘委员会,多半也是外乡人,这是代代相传的学术传统。

最近有消息:中国六百个城市,有接近三分之一,也就是有近二百个城市,自己定位为"国际大都市",花大钱建五星宾馆,建CBD大街。硬件先行,当然不是坏事;不过人才,尤其是大学教师,如果依然本地压倒优势,漂亮房子也只是空架子。

我倒是有个切实的建议,而且不花什么钱:改变一下大学教师与学生的组成。城市要国际化,先做到中国化;城市要中国化,先设法让大学国内化。如果学生大部分来自外乡,教师也就不再贪恋方言气氛,不再死死抓住本土人脉。若干年后,大学教师也就不再是老乡天下。到此时,这个城市才能开始讨论如何"省际化"。至于"国际化",暂可免谈。

中国人学美国人太容易

还是上世纪八十年代初的日子,一位美国汉学家,对我盛赞他刚会见的一位中国女作家,说是真了不起。看到我的惊奇,这位汉学家解释说:"我问这位女作家,中国最好的作家是谁,她点点自己的鼻子!中国文学大有希望,中国大有希望。"看到我更惊奇,他解释说:"须知,这是一位中国人,而且是中国女性。传统中国不可能允许中国女人如此自信。"这位先生是美国的中国文化专家,我当然无法说服他弄错了。

九十年代初,一本《曼哈顿的中国女人》风靡全国,洛阳纸贵。那种粗劣的拜金夸富,着实把我吓了一跳。在一次座谈中,我说了一下看法,在座的人一致反对:"别忘了,这是一位中国女性,只手在美国打出一片天下。这是一场伟大的觉醒。"

从那以后,自我吹嘘的中国人,尤其是中国女人,在全世界狂吹。有个在美国的中国女作家,给记者看她家里

"到处丢的女用皮包,全是名牌";另一个相当年轻的,在访谈中反复说自己住的什么高级旅馆,用的什么名牌香水;另一位更大胆地在书里吹,她在飞机上就赢得多少男士倾慕。

在美国的中国人,很快就学会美国人"狠狠自我推销"原则。在中国的中国人呢?学得更快!最后来了个什么宝贝,写无忧无虑、夜夜派对。又是一位汉学家,新一代的,对我说:"了不起,书写得好不好没关系。这是一个信号:中国的《在路上》,跟着出现的将是中国的嬉皮士一代。"

他的滔滔雄辩使我一阵头晕。不过,有一点可能是真的:当今不少人中国人以为,靠喋喋不休地说"我我我"——我的欲望,我的需求,我的成就——就能建立起后现代式的自我。

最近一本美国二十年前的普及社会学著作《格调》译成中文,风靡大陆,人人都开始谈趣味风度。原书名 *Class*,有二意:阶级、品味。此书对美国社会,适用性恐怕有限。西方社会各走各的道,不同阶层的人尽量互相视而不见。对中国社会,却是非常有用,这个社会,有"朝为田舍郎,暮登天子堂"的恒久传说,有仰视阶梯的古老传统。尤其是那些读通了《格调》之类书的人,可以玩"自我塑造"。

如此格出来的社会地位,或许真有用。到仕女如云的晚会上得个满堂彩,或是昂然阔步商场走一遭,带着自己吹胀的自信心和腰包。说这是骗术,骗人骗己,或许太刻薄;说这是自我推销术,恐怕差不多——格调要被看出来才成为等级的符号,醉翁之意在看者。

自我膨胀,是为了涨破传统社会中个人的壳,引出开放式的个人—社会关系,以适应市场需要。

在当代中国,我们读到许多自我中心教导:"人必须有人格上的独立自主";除了事业爱情,"不要忘记最主要的事情:你仍然属于你自己";对每个人,最宝贵的是自己,因为"你死后,没人能代你再活一次"。尼采的话"成为你自己",在中国成为第一教育箴言。这些话,如果是美国教育家写的,恐怕他得为这几句话好好作一番界定。如果是个欧洲校长,恐怕他会挨社群主义者的抨击。在当今中国,听起来已经是老生常谈。对这些话是否站得住脚的怀疑,我尚未听到。

曾几何时,我们尚是以对国家责任感的道德立国之模范,不久以前,我们还是全世界最美好的集体主义乌托邦。难道真是中国人变化快?或许美国汉学家感慨得对:"中国人学美国学得真快?"让我斗胆说一句:中国人学美国人太容易,中国人学做中国人才是难事。

中国传统社会的伦理道德,即儒家家族伦理,本来就不牢固,缺少价值超越性,宗教式神圣化不够。"文革"把这套改妆过的旧价值,付诸狂热极端的全民强迫实践。"文革"中期大开后门,这些价值弃之不顾。从那时起,中国人就早已经不像中国人，更像信奉实用主义的美国人。

我倒是听到过一位知识面较广的美国学者，做比较文化研究的，提出一个有意思的虚拟实验：把一个世纪前各民族的平常人，与当今各民族的平常人，一对对坐着对比，你就会发现，从外表到内心，中国人变化远为最大。

中国人变得如此快，当然是好事。但是，至今没有哲学家出来，为我们反思自我中心主义的代价，似乎这是自然而然的事，这点最令我吃惊。

我会听到一句反驳："中国人自我膨胀才几天，你就少杞人忧天吧。"——但愿我错了，但是我看到：自我吹嘘之风如沙尘暴，一年年呼啸得更紧。

中国人如何想象未来

中国的想象作品中,一个奇怪的缺门是未来故事。王家卫的电影《二〇四六》,至少开始了中国电影一个新的类型。西方小说、电影中,未来故事,数量巨大,读者观众,乐此不疲。问题早该提出:难道中国人真的对未来缺乏兴趣?

现代之前,中国没有未来小说。诚然,中国哲学有乌托邦思想,但并不多,老子论"小国寡民",孔子缅怀"先三世",《礼记》详说"大同"。中国的乌托邦小说也并不多。

到达乌托邦可以用两种方法:一种是旅行,很困难,极冒险,但是叙述者非常幸运到了,其他人无此幸运,只能读他们的叙述。渔人入桃源,见到的是前世活化石,封存于不计时间侵蚀的历史琥珀之中。另一种是等待:某些现在尚无可能的事就会实现。

未来叙述,则需要跨过时间障碍:只有当读者普遍接受"历史发展有方向性",未来乌托邦才可企及。中国传统的历史观,没有方向性,所以二十世纪前,中国没有未来小说。二十世纪头十年,中国未来小说大爆发;二十世纪最后十年以来,未来小说成为细流。这两者中间,中国人唯进步是尚,精神与物质的乐土许愿太强烈,反而扼杀了未来故事。

未来小说不只是预言,而且是到未来去回溯往事。这就使它非常肖似《启示录》的格局:耶稣二次降临后,将回过头来裁决一切已发生的善恶。

中国第一本未来小说,是梁启超的只写了五章的《新中国未来纪》。梁的小半本书,成为晚清未来小说楷模,此后出现"未来小说爆炸",晚清小说,恐怕有四分之一写未来。这是中国人最喜欢"向前看"的年代。因为各种思潮对前途看法不一,更有必要将预测宣诸小说。大部分此类小说,急于针砭现实,想象贫乏,艺术粗糙,文笔草率,今日不堪再读。不过,合起来看,未来小说在晚清之突然兴盛,是中国文学史思想史上的大事,值得大书一笔。"五四"新文学运动兴起,未来小说在中国的好运突然中断。从"五四"一直到"文化大革命"结束,未来已经不需要想象——未来就在实践之中,当实践满孕着未来,小说只能以现实主义"反映"这种实践中的未来性。

无怪乎二十世纪大部分年份,中国不仅没有未来小说,科幻小说也越来越平庸,无异科学普及读物。一九五八年

"大跃进"时,拍了一部电影《十三陵水库畅想曲》。我想不起来有比这部更枯燥的电影。

九十年代突然出现了未来故事的另一次爆发。冯骥才的中篇小说《末日夏娃》,写未来人类由于科技进步而退化成"劣生畸形人",甚至全身器官消失。这个中篇,可以说中国的科幻小说开始有了新气象,有了批判科技无限进步的"反乌托邦"意识。

贾平凹的"商州系列",接近未来小说的作品是中篇《烟》:七岁的孩子石详,突发烟瘾,才明白他前世是个能用烟圈套捕对手的神功山大王。石详后来当兵,在战事激烈时,梦到来世沦为阶下囚,无烟可抽。

梁晓声一九九二年的《浮城》是中国内地最早出版的长篇未来小说:一个中国沿海二百万人的城市,夜里断裂开,朝大海飘去。第二天人们发现之后,就整个乱成一团。飘近日本海岸,才发现日本不愿放这二百万中国人入境,用"电子冷"筑起千里冰墙。等到中国军舰来载市民回国时,大部分人相信可以飘向美国。最后城市消失在太平洋里。《浮城》可以说是一部当代怪现状目睹记。小说中弥漫着一种人心不古的调子。未来奇景,滑稽而恐怖。对现实刻骨铭心的失望,这不是梁晓声一人的态度,只不过他置之未来,更突显现世罪孽深重。

乔良一九九五年的《末日之门》却是个例外,充满了昂扬的乐观。这是一部中国的"〇〇七"故事。中国新型青年军官，必须有好莱坞电影式的车技，多种欧美外语能力，还要一表人才，让任何国籍的女人一见倾倒。中国军官中要出现一批顶尖精英人物。让美国将军都得叹服英语发音之纯。最后这位独行侠，在慕尼黑的汽车追袭中全歼恐怖分子。又一次，中国救了全世界，虽然这次靠的军人的英俊。

一九九七年不幸英年早逝的王小波，是当代中国文坛的一个异数。他写了一系列的未来小说，生前已经编入《白银时代》。这五篇未来小说互相似乎有关联，但也可以单独成篇，可以说是松散连接的一个相当规模的长篇。王小波的小说，不便复述：情节链并不严密，故事不甚连贯，其魅力在无尽戏谑的文字中，在有意散乱的片断中。

王小波的小说，一贯以幽默调侃著称，嘲讽锋芒却未失尖利。常有狂乱的性场面，却很少猥亵意味。实际上，在王小波笔下，性本身常成为惩罚的载体。当性本身成为权力，性爱就变成性虐。当性既是享受又是惩罚，惩罚本身成了获得快乐的途径。

福柯讨论惩罚的历史哲学意义，讨论人类的性史，开拓了当代批判哲学的大道。如果他读过王小波的小说，他肯定会在巴黎左岸的咖啡馆坐着，耐心等听王小波来给他一点启示。

未来故事这体裁本身，只能靠想象力起飞。欲前瞻而缺乏想象的耐心，只能带来梁启超式自我腰斩，晚清乌托邦的枯窘盲目。现在，中国未来小说，终于啄破了干涩不孕的蛋壳，艰难地成长出二十世纪。——奇怪的是，这件大事，中国读者一直没有注意，中国批评家也没有细看一眼。

贫困的标题

马克思的标题《哲学的贫困》，来自普鲁东的副标题《贫困的哲学》；本文标题"贫困的标题"，却来自标题的富裕。

全世界每年要出几十万本书，其中中文的就是十几万；全世界每年要出两三千部电影。全世界每年要推出多少新歌？多少新牌子商品？多少新网页、新文章？感谢香港观众趣味刁钻，西方电影中文标题常有两套；可恨国际观众的挑剔，东方电影都得重砌炉灶弄个英文标题。

全世界舞文弄墨之徒，每年必须想出上百万个新标题！如果想到人类文化史已经累积了几亿个标题，还得尽量避免袭用，这短短几个字的事，真是难极。无怪乎有的作家觉得取了个好标题，整本书就写了一半；无怪乎不少电影，已经拍完了，还是用的临时性"工作标题"。取题成了创作的一个重要部分。大学文学系，应当开一门"标题学"，有用。

我们每年见到绝大多数标题，陈陈相因，寡淡如水。洋人喜欢弄形容词加名词：自从一八二六年库伯《最后的莫西干人》以来，已经有近一百部电影，近一千部小说，用"最后"起头，甚至中国电影也叫《最后抉择》、《最后的战役》、《最后的伊甸园》，真好像最后一次动脑子，今后不必为标题烦恼了。

电影《致命的诱惑》提醒了大家：极端就是要命。于是好莱坞推出《致命的结合》、《致命的美丽》、《致命的幸福》。这也对，天下何物，用过头会不致命？而中国用得最滥的，可能是"红尘"：《醉卧红尘》、《醉爱红尘》、《笑看红尘》、《滚滚红尘》、《红尘有你》……还有"沧桑"、"云雨"、"凌霄"、"天地"等等让人听了感觉木然的死语。《烟雨红颜》、《红尘佳人》，两半套语合四字，有标题等于没标题。

绞尽脑汁之余，有的人开始相信碰运气：猛地抖擞，撞上精彩。美国剧作家阿尔比的名剧《谁害怕佛吉妮亚·吴尔夫》（*Who's Afraid of Virginia Woolf?*）由于伊丽莎白·泰勒精彩演出的电影而享盛名，但是这让人一惊的题目，也够帮忙的。这个标题却是作者在酒吧洗手间看到的，有个醉汉，用肥皂在镜子上涂鸦，写了这句诙谐话，明显是套用儿歌"谁害怕大灰狼？"（*Who's Afraid of the Big Bad Wolf?*）

田纳西·威廉斯的一出名剧，后来因为马龙·白兰度与费雯丽主演电影而尽人皆知。威廉斯把戏写完了,却没有定下标题,换了一连串:《扑克之夜》、《飞蛾》、《月中坐椅》……他正在新奥尔良寓所坐卧不安时,听到叮当声,看到街上开来一辆有轨电车,上面写着终点站欲望街,于是有《欲望号街车》(*A Streetcar Named Desire*)这标题。后来批评家从中读出许多象征意义,看来都是事后诸葛亮之无聊是非,因为威廉斯如果不朝窗外看那么一眼,哪来的象征?

荒诞派剧作家题目大多不够荒诞,只有约奈司库的标题,叫人两眼发直:《秃头歌女》(*La Cantrice chauve*),其实剧中既无秃头,又无歌女。只是演员排练时,不当心读错了句子,出了这个笑话,被剧作家抓住,决定用此标题。这个文不对之题,形象不佳,戏却盛演不衰,保持了法国戏剧演出最长的纪录。标题也成为荒诞之所以为荒诞的理由。

大部分作者无此幸运,也无此胆识。

其实不是古人用尽了这些字眼,让我们无法找新词。古人在标题上其实很用心,玩险题,似乎比今人更大胆。一八八一年英国就有书名为《!!!》,到一九二五年才有人跟上一个《?》,让历代图书管理员极为生气——无法排进目录。

傅东华的译名《飘》,比起原题《随风而去》,何等潇洒!至于丢了原题意思,就小意思不必提了。据说全国法国文学学会几次开会讨论，决定普鲁斯特的名著，不许用已经久用的《忆华年》，而应更"确切"地译为《追忆逝水年华》，而且全国统一，连我们这种做理论的，凡是文中提到这本书，连出版社编辑也要遵循命令，全部改掉！傅东华何幸，没有一个为天下做主的委员会做他的主。

短，终是有限，长可以无限。西方人本来不太敢用长题目，庞德在二十世纪初翻译李白，把"侍从宜春苑奉诏赋龙池柳色初青听新莺百啭歌"这个二十字长标题，误认为是四句诗，上下两首诗连成一首，合用上一首诗的标题"江上吟"，他做梦也没有想到中国诗标题可以长到如此地步。亏得是庞德文字漂亮，诗本来就无理而妙，犯了如此大错，照样译成名作"河歌"（*The River Song*）。

后来的美国诗人，读中国诗译文多了，就知道长标题有"中国味"。加里·斯奈德有诗，"为何运木卡车司机比修禅和尚起得早"，颇有禅风，不落俗套；詹姆斯·赖特的"在明尼苏达威廉达费的农庄躺在吊床上作"，题目就"中国"得明显，不过诗写得不错，也算名得其实。

除了诗人，其他人玩长标题，得不到什么好处。披头士一九六八年有一首歌，题为《除了我和我的猴子人人都想捂藏一点东西》（*Everybody's Got Something to Hide Except Me and My Monkey*），这首歌后来音乐史家只称《猴子》；"自杀倾向"乐队有一首歌，《如果我今天无法微笑明天怎能大笑》（*How Will I Laugh Tomorrow When I*

Can't Even Smile Today*），再次演出时，就自己改为《明天怎能大笑》。《吉尼斯世界纪录》不收"世界最长标题"，因为玩花招破这纪录太容易。我听说过更长的标题，没有记住——明显是黔驴之徒技穷所为。

近年中国小说，流行一种"口水话长标题"，用词尽可能平易。《不快乐的不止你一个》、《把悲伤留给自己》、《爱情有什么道理》、《生活由不得我做主》，看来是从流行歌曲学来的套路。甚至一些有资历的电影导演，也开始用清汤标题，《谁说我不在乎》、《和你在一起》。或许他们认为当代青年，就听得进这种口水话。我个人认为此路不通。倒不是艺术上的原因——现今谈什么艺术性，会被人笑落伍——而是清汤话不谱上调子唱起来，实在记不住。

标题记不住，何必要标题？我应当强调：取个好标题，不能只看成"包装"。古人一样要绞尽脑汁取好标题：《红楼梦》代替了《石头记》，岂是偶然？《二十年目睹之怪现状》，当年就是一个怪现状。

像《第二十二条军规》（*Catch 22*）那样，标题成为一个语言的常用成语，才是最大的成功。据作者约瑟夫·海勒说，他的原标题是《第十八条军规》，编辑说当时正有一本题为十八什么的书将出版，于是他改为《第十一条军规》，后来不知怎的，乘上二，变成现在的标题。这是一个大手笔：英语双位数，没有比Twenty-Two更弯弯绕搅舌头的。相比之下，《第二十二条军规》，译得有点板，如果译为《圈套二十二》，说不定汉语也会收做新成语。

不过中国当代小说标题，成功地进入日常语言实践，也真不少。鲁迅的怪词"阿Q"，已经牢固地立在汉语中心。钱钟书《围城》、刘索拉《你别无选择》、谌容《人到中年》、王朔《顽主》、陆文夫《美食家》、洁尘《华丽转身》都是好例。还有孙周的电影《漂亮妈妈》、崔健的歌题《一无所有》、叶倩文的歌题《潇洒走一回》，也给汉语添了新说法。蔡智恒的网络小说《第一次亲密接触》，虽然是套的美国科幻电影《第三类亲密接触》，也在青少年中变成流行语。标题对语言的贡献，远远大于文艺的其他部分。为此多动动脑筋，是尊重读者。

英国导演，不与好莱坞比大制作，另找自己的路子。其中之一，就是在标题上下工夫：英国文人的语感，一直比美国文人强。《过远一座的桥》、《一条名叫汪达的鱼》、《四个婚礼，一个葬礼》等等俏皮标题，不绝而来。英国导演彼得·格林纳威（Peter Greenaway），坚持电影个性追求从不妥协，令人尊敬。他的标题也怪得有趣：《一个Z加两个0》（*A Zed and Two Naughts*）、《厨师，窃贼，他的妻子，她的情人》（*The Cook, the Thief, His Wife and Her Lover*）。后面这个标题居然开列"四个人物"，弄得很多人学样。我建议中国作家何妨一试：总不能在《戏说乾隆》之后，再取名《戏说慈禧》？那就不如称作《太后，皇上，她的太监，他的中堂》。

情色小说,女性专利

有人认为这是个人欲横流的时代。的确,当今社会充满了性符号,各国的调查都证明,实际的性却并没有明显增加。所以,增加的是性的表意冗余。这正是色情的定义:色情是性的文化再现,是超出生殖繁衍需要的性心理。

很多学者注意到,当今社会的"性感点",已经从号称"灵魂窗户"的脸部,移向躯体。其实情色从来是躯体中心,不为别的原因,只是因为躯体是遮盖的。

中国文坛近年的"身体写作",引发了许多批评。女作家棉棉的名句"用皮肤思考",颇受讽刺;女诗人尹丽川等人实践"下半身写作",遭到批评界指责;女作家赵凝提出又收回的"胸口写作",更被笑骂交加。

但是有一个奇怪的现象,至今没有人注意。各民族传统上,色情是男人的性幻想。中国的"身体写作",却基本上是女作家的专利。这是我检查了美国一九九五年出版的情色作家访谈集《皮带以下写作》(*Writing Under the*

Belt），发现被采访的十五名作家中，只有五名女作家，其中一人冒用男人名字。另一本亚裔美国作家的情色作品文集《米床》（*On a Bed of Rice*），多达七十个作家入选：四十名男性，三十名女性。我还查了几本英文情色文学选集，大致上也是这个比例：男性略高于女性，但是能摊上"情色小说专家"桂冠的，男的多。有情色文学传统的日本，至今是男人专写这个题材，没有女作家能比渡边淳一的大名。

当代中国，却在这个"全球文化现象"中开出大例外：写情色的几乎只有女作家。如果编一本类似的中文作品选集，肯定百分之八十的作者是女性。难道是中国男作家对色情不感兴趣？没有胆量？当然并非如此：从大名鼎鼎的兰陵笑笑生起，一直是男人比赛的场地。而写长篇弹词故事的女作家，反而专心与男人比道学，比三从四德的严格度。丁玲《莎菲女士日记》号称女作家中最大胆，比起郁达夫《沉沦》、《迷羊》与茅盾《野玫瑰》，情色大胆程度差得远。

只是从上世纪九十年代初开始，中国才接连不断地出现了情色女作家。王安忆一九八九年的《岗上的世纪》，写情色之大胆当时就让整个文坛吃惊。之后，海男《男人传》、《女人传》，棉棉《糖》、《熊猫》，卫慧《上海宝贝》，赵凝《夜妆》，春树《长达半天的欢乐》，还有尹丽川、丁丽英等人的短篇：中国的"色情男"，突然被边缘化。

当然,在八十年代末,唐亚平与伊蕾的诗,已经做了开拓,诗人总是先行一步,大潮却有待小说。更早一些,已经有台湾女作家李昂、朱天文等在华文文学中开拓了这潮流。

很多批评家指责这些女作家,说是她们的作品中,"爱情退化为性事展览,成为出卖人格的表演",写作"成了市场和欲望的同谋"。这话当然是对的。"市场与欲望",是这个时代的意识形态,作家,无论男女,要能摆脱意识形态的控制,不是容易事。但是批评家得出结论,说这种文学里,"完全没有女性主义的觉醒",就难免偏见。女性主义,当然包括性觉醒。当代中国至少有一部分女性,反其道而行之,成为情色的讲述者,怎么不是一种转变?中国传统文明,能容忍一个"兰陵笑笑女"吗?

甚至,中国女作家已经垄断情色,男作家几乎无法争一席之地。葛红兵的《沙床》,被批评界读书界过分嘲弄,似乎男人不应当如此写作。从中国文化传统来看,真是阴阳颠倒!九十年代初对《废都》赞不绝口的中国批评界,对女性情色写作的兴起,突然沉默。著名的"情色女性主义者"卡米拉·帕格利亚(Camille Paglia)快人快语:"男人阳具一萎塌,就垂头丧气,就千方百计找回对女人的控制权。整个西方文明,就是这样形成的。"

看来中国男性批评家,也落入如此悲惨境地。近年中国女性写作的变化,真让人惊奇万分。而更让人奇怪的是:痛心疾首者大有人在,抨击挥拳越发猛烈,至今却未有批评家出来,对这个"性别差"做一个像样的解释。

关于颁发"慢写文学奖"的建议

英国前桂冠诗人贝杰曼,临死有惊人之言。人问他一生有何遗憾,诗人说:"恨做爱做得不够。"中国人虽然也是好色不如好学,但此人既是王家金丝雀,总应当说一句"恨巨作尚未写出"之类话头。比他"升华"一些的,是法国结构主义理论大师巴尔特。他有名言:"钱要有点,无须太多;名要有点,也不必多。不嫌多的是闲暇时间。"

这话坦白得妙:人何必为名利牵绊。但是巴尔特是主张"文本性感"的,读美文,写美文,会有高潮一样的快感。这样的人,所谓闲暇,恐怕在妙笔生花写文章吧。

世界上各色人等,数艺术家最幸福,因为他们工作与闲暇不分。别人的干活是干活,他们的干活是玩儿。别人的时间是金钱,赚了金钱买享受;他们的生命是享受,享受顺便换金钱。可见,成天忙碌的,只是俗人。时间是金钱,是对出租车司机,冰激凌店主而言的。

从一九九五年开始,每年十一月,北意大利都灵市举行

"慢食美味大赛",有意对抗正在征服全球的美国式速食文化。大展厅有世界各地来参赛的五百六十个摊位,世界各地的食客游客蜂拥而至,门票三十美元,中意的尽管吃,半夜十一点依然灯火通明。当然意大利人一向讲究烹调,享受生活。但是北意大利,是意大利经济的火车头,向来看不起南意的闲散,好几次闹独立分家。现在却腾空菲亚特公司的一个大厂房,弄这个奇特的美食节,可见风气之变。

参赛的摊主,来自世界各地,从莫斯科到新西兰,当然大部分还是来自意大利。参观者品尝时,听摊主讲制作工艺:要晾多少年,才能风干出提琴一般的火腿;要挂多少月,才能酿出颜色艳如桃花的干酪。于是吃的人慢慢细细品味,一个个摊位吃过去,这一顿当然要吃上若干小时。

最后一天,要评出十五个奖项。到这个时候,好吃客才明白主办者的政治用心:这是一批环境保护主义者想出来的招数:一位土耳其养蜂人小心保护某濒危蜂种,他的蜂蜜当然有异香;一位墨西哥农民细心恢复了传统香草的培植,传统香草当然比产业化农场供应的好。所有参赛者都强调说明,我的慢工细活手艺,在这个全球化大工业时代,绝对亏本,在这里,越亏越光荣。

"慢下来,慢下来,讲讲生活质量",似乎已经成为欧洲许多地方自发提出的口号。欧洲许多小城市的中心区早就回到"自行车化",现在阿姆斯特丹等大城市也回到自行车化。伦敦等城市,正准备采取一个弹性办法:开车进中心区要交高昂的进城费,没有死活急事就请坐公交地铁。

不过,相反的意见还是有的:欧洲失业率居高不下,工会抗议说,慢下来已经变成停下来。在这种情况下,讲什么细细品味慢食文化,纯是富人无聊生事。医学界也有不同意见:过长工作时间,速度太快,固然会引起职业病,但是统计证明,工作时间较长,平均寿命也长。我个人觉得,规定工作时间,规定退休年龄,都没有解决"闲下来干什么"这个决定生活质量的关键问题。须知,这个社会绝大部分人不是艺术家,甚至,绝大部分人,没有一个自得其乐的业余爱好。全民写诗,早已是中国乌托邦实验中最怪异的一章。如今的诗人都知道:若要写得好,先要写得少,所以必须到啤酒桌上去找诗人,正如必须到咖啡馆里找哲学家。

前天一位编辑向我约书评稿,说是让出版社马上把刚出版的一本新书特快专递给我,让我等着,暂慢出门散步。我听了很纳闷:书不要一行行看明白?文不是一字字敲出来?且不谈冥思苦索、探幽抉微不能限时间,既为文人,道他人所未能到,是我们的存在理由,语不惊人死不休,是我们的存在方式。难道灵感也能特快专递?

若不是摆脱不了金钱与生命之类的俗事,我想建议我国文学界,也仿照意大利美食界,设立一个"慢写文学奖"。意大利多厨师,中国多文人,也是物得其所、才尽其用。昆德拉专门写了一本迷人的小说《慢》,不过昆德拉自己写得够快的。慢写文学奖,应当给慢写的小说,不给写慢的小说。

票友时代

这个时代,满街走的,一大半是各色艺术家体育家,只不过票友居多,没几个靠此本事吃饭。

台湾尔雅出版社的老板隐地,是职业文化人时代的出版家,"尔雅"而温文。尔雅作为一家私人主持的文学出版社,能与台湾几个大出版集团并立至今,隐地先生应当为一生事业而骄傲:他一生爱书,爱扶植新人。但是最近他连续发表文章,哀叹文学出版路子越来越窄:出的书越来越多,许多书走的是印刷厂——书店——纸浆厂路线。即使如此,已写、正写、想写的作家依然蜂拥而至。他认为,写诗这个崇高事业,就是被如此毁灭的。其他文学门类,也会蹈此复撤。如何救治?他没有开出药方。针对不同的人,明摆着只有三种药可用:慢写,少些,不写。

多年前我就发现,西方填人事表格,每一项都不能造假,撒谎关系人格信誉。偏偏"兴趣爱好"栏目,完全不必证明,尽管夸大就是。去过一次高尔夫球场的人,就可以说与公司总裁同一个爱好。我认识一个中国学生,靠玩高尔夫竞争到高薪职位。

现在中国的外企内企人事表格也注重"兴趣爱好"这一栏了,于是公司旋转门,像爆米花机一样吐出各种"文化人"。如果每个工作人员都要填"兴趣爱好",有多少人会填上"写作"?我的保守估计是全中国有四十万。估算方式如下:每年中国出版约二十万种书,其中四十分之一,即五千本,是小说诗歌散文等的"文艺书",据有些编辑估计,每二十本书稿,只有一本可能出版,那样每年中国人写出文艺书手稿十万本。假定每个作者每四年写一本,全中国就有四十万文学家。

幸好,这四十万人中,没有几个人靠写作谋生,大部分人只是爱好而已。这也不为过:全国十三亿人,每三千人有一个人爱好文学写作,真是太少。比起高尔夫之类,这个爱好太辛苦,很难自得其乐,很难夸耀于人,也不见得能讨老板喜欢。其余的二千九百九十九人,爱好可以千姿百态,每个人都给这个时代强加一个艺术家体育家。

英国有两万人自称足球爱好者,专业球员全国各级联赛加起来只有一千人,每两千人中占一个。我估计各种类型的业余与专业比例与此相仿。这样一来,"业余"的要求也越来越高。

如果你填的是"旅游",就得去撒哈拉沙漠,或是去喜马拉雅山,上黄山、泰山算不得数;如果你填的是"戏剧",就得去参加边缘剧场,到旧仓库、废车站演给拉来的朋友们看,美其名曰"后现代演出";如果你填的是"书法"、"美术"、"摄影",就得千方百计进入每年无数的展览中至少一次;如果你填的是"足球",就得盯着皇马、曼联,每周至少两次凌晨三点爬起来看转播。

这些业余爱好,倒也是社会之必须。任何专门玩家的成就名声,都是捧场者捧出来的。现在的问题,是隐地先生说的:专业艺术家与业余艺术家难以区分——专业与否无所谓,业余时间越来越多,放长假时,业余的必须玩真的,专业的反而休成业余。

欧美每年拍摄完成的"全长"故事电影,只有四分之一能在影院公演(且不说票房收入如何),四分之一能拿到各种各样的"独立制片电影节"放映,在目录单上露一下标题:连轴转放电影,是否有观众都难以保证。其余的电影,只能请朋友到家里看。

幸好,数字摄像机,价格已经降到一定程度,没有放映的电影,成本损失不大。绝大部分DV电影都只能在"观影小组"、"同好酒吧"互相观摩。国内某些电视台组织过半夜放映,还请专家评比。据说DV电影圈中,已经出现导演或表演天才,进入专门家行列。但是DV的成千上万玩家,如果以此为目标,是肯定要大失望的——大部分专业电影家自己还没机会拍片呢。

姜文说过:"中国不缺乏有才能的人,缺乏有胆识的人。"如果你自以为有胆识,就是自寻烦恼:中国有胆有识也有才能的"电影人"要多少有多少。贾樟柯曾有预言:"电影业余化时代将要到来。"可是他自己却热衷于成为"主流"导演。电影教授周传基的声明却很煞风景:"在电影这个民主的媒体中,已经没有专业和业余之分了。"这当然是好事,但是只在一个意义上:许多申请当房产公司职员的人,可以名正言顺地在"爱好"栏中堂皇地填上:摄制电影。

报载:苏州有五百个业余剧团,"自掏腰包,单位赞助,众人集资,以演养团"。那么专业剧团怎么办?好消息是:现在专业人士经常被请做业余剧团指导,或许这就是全世界文化产业的出路。

有人担心艺术团体老龄化。不要紧,票友唱戏听戏,闭着眼睛晃脑袋,唱着更过瘾。这难道不是给"专业"明星的好出路?这个世界玩乐人才,一波一波前仆后继。一旦专业业余化,业余就是专业化,名家很快过气,大家都是票友,宣布自己的看家本领时,胆大一些真是无伤大雅。

三十年前读禁书

写下这个题目,自己觉得有点迷糊:三十年前,凡是不让出版的书,都是禁书。从定义上说,三十年前大部分中国书外国书在中国都是禁书:禁书比非禁书多几十万倍,不禁的书是例外。记得一九七八年《读书》发起过一次关于"读书有无禁区"的争论,有人驳问说《我的奋斗》也应当开放吗?我当时心里就嘀咕:这个人有特权,看过《我的奋斗》,否则他怎么知道他能看别人不能看?

吾等人物当然只能读香花不能读毒草。只是每天十几小时面对同一本红书,年复一年,实在困乏。我只好一边看书一边在心里作中译英。如此练英文,当然不是好办法,但是也学下来了。现在不少朋友家里有几十种英语教科书,问我学那本最好,我的劝告总是:不要再挑挑拣拣了,盯住一本学到底,越是挑拣越是学不会。上世纪六七十年代我读《毛选》,"革命群众"经常冷不防来检查,看我是否"胡思乱想打反动主意",每次我总是能把前面几页背出来,因为刚琢磨了几遍如何翻译。革命群众拿我无可奈何,只能批"脑子越好越反动"。多少年来,我从未坦白过我的这个把戏,心里明白我的做法非常反动,今天公开承认,不知道能否博他们一怒。

所以,不仅读书无禁区,而且读什么都比不读好,哪怕不得不读了几万次的书。

一九七八年我到中国社科院读研究生,从此有机会做"读书人",反而觉得不太来劲:一心做学问,读书目的太清楚。读书最大的乐子是面对满架子书,漫无目的随便翻看。一九八一年我有机会得到富布莱特研究奖,到美国做研究,写作《诗神远游》一书。美国各大学的图书馆,都是开架的,让我过了乱翻书的大瘾。伯克利加州大学,是美国左派大本营。当时里根从加利福尼亚州长做上了总统,但是伯克利师生不买账,越发"左倾"。学校附近有好几个"毛派书店",全是关于中国政治的英文书。我记得在一个书店站着读了整整一个下午,老板要关门了,邀请我这个热情的读者到酒吧喝一杯,要我讲讲"中国革命的经验",结果三句没说上,就吵起来。老板骂我"被收买了",我说我来此地是美国参议院"富布莱特基金"的钱,他马上吼起来"那就更糟"。

我赶快付了钱走出酒吧,心里倒是觉得奇怪:《马克思的三个女儿》在中国人看来,可以说是对革命导师人身攻击(这也就是为什么我站着一口气读完),这个左派老板怎么会放在书店中间的展览摊位上？我这才明白他们对书的看法与我们不同，只要是谈马克思的，就是好书。

后来找到了伯克利的"东亚图书馆"，这才大开眼界：所有听到过却从未有机会看到过的大毒草，全部都在这里。一次翻旧杂志，甚至读到了《野玫瑰》。在南京大学读书时，陈铨教授是个老牌特务，从来只有扫厕所的份，见到任何人低头侧身走过。我只知道《野玫瑰》是"中国法西斯主义"大毒草。当时赶紧一口气读完，生怕再也找不到。读后觉得实在是找不到何毒之有，至多是地下工作者党派不明。多少年后看《色戒》，觉得陈铨真是冤到家了。

不仅有鲁迅骂过的书，陈源《西滢闲话》，梁实秋《雅舍小品》，还有全套台湾《传记文学》，各种国民党特务、托派反动头子、叛徒的回忆录；不仅有大量"文革"小报资料，甚至有台湾的"匪情材料"写林彪事件。当年这些书读得心惊肉跳，现在想来不过如此，今日网上都能找到。

东亚图书馆里不仅有《金瓶梅词话》几种全刻本，还有全套叶德辉《双梅影庵丛书》（其中包括他从日本古书中辑录的中国古代房中经典若干种），我这才明白叶德辉被农会判死刑，恐怕士大夫中也没有人同情他：这个人真是太狂生。

谈到禁书，马上大家都会想到色情书籍。在一九八一年左右到美国的中国学子，恐怕在这件事情上都落到非常尴尬的处境。我从旧金山机场出来，看到机场书店架子上那一排画报,的确是胆战心惊,一边翻一边觑看周围的人,走出门看到满街人依然正常,觉得做了一场狂乱的怪梦。后来我才明白,这些画报对于当时在美国的中年访问学者,冲击更大。复旦大学的一位党总支书记,回到北京时被中国机场检查出整整一箱子的《花花公子》复印件,于是开除党籍,全国通报批判。我至今弄不明白中国机场怎么会查到这种东西:海关对这种图片的嗅觉,比闻毒品的警犬嗅觉还灵。每年海关表扬"抵制资产阶级毒害"的模范,大多是为"革命警惕性高",抓住了这种熬不住偷运禁书的人。

另一位着了这种禁书之道的是甘肃一位地质科学家。画报看多了,竟然在大学运动会看台上偷摸一位美国女学生。不料这个女生穿得虽然不太多,却是位天主教徒,当场大叫起来。我们的科学家先于运动员狂跑,在全场喊轰然"抓人"吼声中,最后被警察抓捕。旧金山总领事馆接回此人,决定礼送回国。此人在凌晨跳楼,受伤后在医院"叛逃"。移民法庭开庭时,当时中国学生中没有几个英文过关的,就让我到法庭去听听说了些什么。我见到了这位垂头丧气的地质学家,觉得这些图片真是害人不浅。后来我看到此人在校园扫地,在成人书店门口乱晃:一个科学家的生涯竟然被几本画报如此狼狈地了结!

美国是个清教国家,没有欧洲人那么浪漫宽容,只是允许人瞎印书而已。多年"禁书"不久后的中国,人的神经过于脆弱，最好别来美国，害了自己。九十年代中国，地摊上色情画报一铺几百本，这才让中国人神经正常起来，此类在国外翻画报倒霉栽跟斗的事此后再也没有听到。开卷有益？不错，但是每个人自己的确要有点思想准备，才能什么书都读。一旦什么都读了，的确有益，至少不会在运动会几千人前逃跑出丑。

三十四十,如狼似虎

《八十年代访谈录》(三联书店,二〇〇六年)这本书为二十世纪"八十年代研究"开了个头。

八十年代为什么值得研究?不会比拖欠已久的"文革"研究都值得吧?不会比五六十年代的政治暴风雨更值得研究吧?不会比九十年代以来的当今文化更值得研究吧?至少有一点,使"八十年代学"变得紧要,必须马上动手研究:"八十年代人"正在老去,将要成为过去,实际上已经开始陆续消失——他们人还在,心已变。一句话:八十年代正在从民族记忆中淡出,消失。

查建英的访谈中,所有的人都把八十年代与当今中国社会作对比:几乎每个人都认为八十年代有意思,可能犯糊涂做傻事认死理,过于幼稚,但是单纯。哪怕犯了好多错,这错也比当今中国人无可奈何都在起劲犯的罪孽有劲头。

请一些当今的大学生研究生读这本书,说说感想。很多人会觉得是说前朝遗事,闻所未闻。毕竟,一个时代过去了。

看一下查建英访谈的名单:这些人年龄差很大,但平均一下,就是一九四九,中华人民共和国诞生的年份。也就是说,八十年代,这些人大致是三十岁到四十岁,正是人生精力最充沛、最能想问题做事的十年。

而这也是中华人民共和国的三十岁到四十岁。一九四九年,这个国家如婴孩一般新鲜白嫩地来到世界。她从中国的母体娩出,但立即切断了连接传统的脐带,她携带的是意识形态精子送来的主义基因。这基因在传统母体上受孕似乎顺理成章,但是三十年的怀胎,有太多的痛苦血腥的记忆——她是二十世纪的世纪女儿。

这是一批个人主义者的回忆,个人也是这个民族的细胞。而这个民族从一九四九年一切归零从新开始,那时,士族世家的文化传统,早已是一些遗迹,阿城等人现在津津乐道的旧贵族,已经完全消失。

世纪女儿八岁之前的童年无所依从,不断地折磨自己,不断用父之名来洗刷母亲的养分,在父母两边之间摇摆。其结果是自我塑造的镜像破裂。丢弃过多,少年期极度营养不良,饥饿难忍,完全失去建立自我的可能。十六岁,红色月经初潮,成人礼带来十年的狂躁叛逆,似乎落入终于掌握了父亲之名的狂喜,使她用父之名要求一切,也用父之名虐待自己。到了二十六岁,才忽然明白一切都是自身的幻象。父之名是一种虚构,是盲目冲动的激素。虚构不能提供充分营养存活,甚至不能提供足够的理由建立自我意识。

几年最后的扑腾之后进入了八十年代,她三十了。在物质饥饿与精神饥饿之间打转,完全不可能而立。但是她渴望新生,想扔开给她太多不幸的旧的父之名,寻找新的父之名。三十如狼,她的欲望选择满足精神饥饿。的确,她从来没有过如此多的欲望。

八十年代,是精神欲望似狼的奶牛代。这就是我们从查建英的访谈中看到的图景。这个图景或许是不全面的,查建英访谈的基本上都是艺术家和学者,连"文化人"这个范围都没有覆盖,而且很多是哥儿们姐儿相称的,使圈子越发显得小。但八十年代是中国艺术的黄金年代,这个民族突然首先选择在艺术,焕发"被耽搁的"青春。这个现象本身就值得将进入"八十年代学"的学者们好好思考。这个三十岁的人突然发现眼前挂满了符号,一切都充满了意义:她内心渴望是精神象征。

八十年代是中国任何一种艺术最辉煌的岁月,也是文化英雄的时代。那个年代写出几篇引人注目的短篇中篇,就一举全国成名;写出几本西方某流派、某大师的介绍或翻译,就能让全国青年敬仰。那个文化饥渴的岁月,一场文学理论的讲座能弄到万人空巷,一场诗歌朗诵会,诗歌迷会冲进后台,以握一下诗人之手为终生大幸。

与九十年代对比,八十年代文化,像是个不可能的奇迹。是的,四十如虎。九十年代,在一场"正式"更换父之名的狂热冲动之后,这个世纪女终于明白了:精神欲望太危险,肉身欲望才是名正言顺。致富不仅是应当的,实在的,而且是唯一的光荣。为满足物质欲望可以不择手段,只要不被抓住,万事做得。这个全民发财热潮使文化人特别失落。余暇增多使全社会要求娱乐,而娱乐文化就是求量不求质。

这本访谈没有一个人谈到未来,谈到对这个五十妇人今后的打算,谈到前景中会有多少富丽华彩,或是多少危险。当今文化人的失语,没有比这更雄辩的证明:文化人使自己放弃对未来的话语权。

实际上,查建英一直有意引导谈话,向八十年代之外延展,让被访者除了谈如狼岁月,也回忆童年期、少年期、青春期,也谈当今以作对比。但是今后呢?大家都回避谈未来,查建英也不问未来二字。我想这是被访谈者和访谈者都没有料到的集体无意识。这是此书很耐人寻味的特点:如果还有文化这回事,几乎是全盘后瞻。知识人应当最富于前瞻能力,但是现在呢?

是的,我们都在躲开那个致命的,那个验证一切的,那个将刺破一切泡沫的东西:未来憧憬。须知,我们曾经生活在一切希望寄予未来的岁月,精神欲望如狼的岁月。要回到未来,就必须先回到八十年代。

独木桥上的民族

人生本为追求幸福。幸福不仅是自己感觉幸福,还要看到自己被大家看做幸福。许多麻烦因此而起:人作为社会人,文化的人,无法用自己的标准感觉自身:社会奉承高官,高官得意;社会眼红富商,富商吃香;社会崇拜主持人,主持人感觉好;社会热捧模特儿,模特儿高视阔步。

中国人对别人的看法特别在意,太多的人按社会公认的标准追求幸福。项羽失败的原因,就是觉得要回江东炫耀成功才是幸福:"富贵不归故乡,如衣绣夜行,谁知之者"?至今绝大部分中国人觉得"光耀门第"是人生得意之巅峰,因为幸福得到充分展示。

中国上千年的科举制度,在启蒙时代的欧洲广受赞美,认为是"能人政治"的先行者,全世界应当模仿。更让西方人感叹的是机会平等:每个人都有机会成为人上人,朝为田舍郎,暮登天子堂。他们不明白的是:当整个社会以此为唯一的成功标准,生活在这个社会里的人,有几人能得到幸福？整个中国选拔的人才，一年不到几十人。一元标准之下，绝大部分人向隅而泣，整个社会的路子就窄得可怜。现在不少人争辩说科举制度内容错，形式不错。其实错的恰恰就是这个形式：垄断机会的一元形式。

科举制度的消亡，出现了清末民初的留学潮和办学潮。奇怪的是：这个时期"投笔从戎"学军事的人特别多。日本士官学校，小站练兵，保定军校，各省讲武堂，各军"学兵队"，培养了多少"军事人才"。弱冠投军，都是优秀青年一腔热血，准备抵抗列强、为国捐躯。仅办了九届的保定军校，就出了近五百名后来获得将军衔的人，每届六十位将军！弄得军阀混战都成了同学比武。中国长期内战，如此多"军事人才"，都想一露身手取功名，要不打也难。

不料一个世纪过后，现在又有一种"新科举"。报纸上不断出现"公务员考试"考录比创造新纪录的报道。安徽省合肥市工商系统科员，仅招一人，考生却有四百七十人；据说"公考专家"辅导，报酬每小时两千元。看来越是经济落后的省，公务员考录比越高。我相信脱颖而出的，绝对是优秀拔尖人才，但让人感慨的是，有那么多年轻朋友明知多半被挤下河，依然冲上桥比肘击。

公务员考试不是孤证：二十年来，多少学生挤进各种经济类系科：弄得本是国家最需要的人才，毕业生就业最难。这叫我想起上世纪八十年代初我在伯克利加州大学攻读比较文学博士，整个系就我一个中国人。但是"民用工程"(Civil Enginering)系,开学时满课堂黑发黑眼睛,弄得教授们到学校去抗议,学校也不知道如何对付这个怪现象。中国人分数高,考取好大学的人比例高,但是也不必蜂拥占领"铁饭碗系科"。这种一拥而上的跟风,甚至蔓延到电视剧,无数的军旅题材匆匆上马;大火,再火上加油,谍战题材热了好长时间了;一热,立马就有很多家庭伦理类的电视剧宣布开拍……可见对准独木桥冲锋,是中国人的文化基因使然:我们过于尊重别人给我们的幸福标准。

反过来,中国学生攻读各种"僻学"的人,凤毛麟角。我在美国读书时遇到王灵智教授,他攻读的是古代两河流域文明的楔形文字(cuniform),这是我见到攻读此种遥远的异文化死文字的唯一华人。我不能说这学科能保证成功,但是我能保证的是:他在学业中得到幸福感不依赖于别人,而对于中国,对于世界,他的选择更为有用。从那以后,我遇到学古文字等"死"文字或其他"无用学科"的年轻人就充满尊敬:改变中国人数千年的独木桥情结,希望在他们身上,幸福在他们自己心里。

晕书综合症

有图书馆工作人员告诉我,先前调查"国民读书习惯"时,那些对"去年你读过几本书"作了尴尬回答的人,给的理由一般都是"忙不过来"、"没有时间"。但是前两年出现了一个新的答复,大多是年龄不大的人给的:"我一看书就头晕。"为了健康而不读书,更是理由十足。

而且,他还告诉我,真有人走进书店或图书馆,看到一排排书架,就感到心口不适,呼吸憋气,需要赶快奔出去,以免晕倒。

我觉得这个情况很严重,所以特地在此报告医学界,请他们注意:"晕书综合症"听说是全球性的,却在中国蔓延扩展得特别快。尤其是在青少年中,扩散迅疾,不得不引起警惕。从粗浅的观察来看,男性似乎比女性比例大。确切的统计数字尚未收集到,不便贸然下断语。

得此病的青少年,或许是被中国特色的成堆教科书和教辅材料气昏了头脑,看到文字就恼火。他们强迫读这些东西之余,除了QQ和MSN,除了网上的"浅阅读"以及报上的明星八卦,其他什么书都不想读。

这个病在中国造成的危害很惊人。据调查,中国公民每年平均阅读量为零点七本书,日本为四本,韩国为七本,法国为十一本。"晕书症"在那些国家可能存在,只是范围小得多。

在这个所谓的后现代,据说文化已经混成一片的,没有什么文化层次之分、雅俗之分,全球化把各国文化都变成一个"奇观狂欢节"。有不少文化学家说,这是时代病,现在是图像时代、影视时代,全世界的人都离书本越来越远。也有人说:知识结构正在改变,不读书不等于没有知识。我这里倒是有个数字:中国人有"读书习惯"的,从几年前的百分之七,降到二〇〇四年百分之五。而英国有"读书习惯"的,从一九七七年的百分之五十四,升到二〇〇二年的百分之六十五。

理论家妙笔生花的宏论,实际上掩盖了一个可怕的文化等级分野,而且是越来越严重的等级分野。

首先,各个国家之间,读书习惯差别很大。联合国在世界五百强企业家读书调查,日本企业家一年读书五十本,中国企业家一年读书零点五本,相差一百倍。中国企业家竟然是全中国国民的平均数,真是什么人都能当老板。正当中国企业大踏步走向国际舞台时,这个读书统计,让人担忧中国资本的进军,会不会一路顺利。

在每个社会，读书出现越来越严重的阶层性。二〇〇二年英国统计，四分之一人读书五本以下，半数人读书五本以上，有四分之一，读书二十本以上，两极分化严重。美国NEA调查，美国人中，有"读书习惯"的，全国平均为百分之三十八，但是南美裔移民中，只有百分之二十六点五。这个调查还指出，有读书习惯的阶层，热心公益慈善事业、参加体育运动，比例超出没有读书习惯的二至三倍。

读不读书，标志着一个人的社会地位，已经有大量统计资料证明。据很多后现代文化学家说，当代社会，是一个普遍"感性商品化"的社会，上层社会要保持上层品位，就不得不一而再再而三地提高香水的品牌、香槟的品牌、手提包的价格。我看这些文化学家有点糊涂：读书是个更明确的阶层指标，而且这个格调区分"间隔"正在越拉越大。

我知道，抽象地谈"开卷有益"，已经说服不了当今的年轻人。但是我有一则统计，可以让中国舒舒服服患"晕书症"的男性青年，吓得坐起来认真听一下：伦敦《泰晤士报》二〇〇四年六月七日报道，企鹅出版公司研究部调查两千位妇女，百分之八十五认为聊天中谈读书的男子，更具有吸引力，更容易让她们"感到爱慕"。

或许，这是医治中国青少年"晕书综合症"流传的唯一药方。

辑二　读洋书的多种危险

好一双"中国式眼睛"

丽莉·布瑞斯珂,是伍尔夫名著《到灯塔去》(*To the Lighthouse*)中的一个人物,女画家,未嫁。女主人公拉姆齐夫人说她有一双"中国式眼睛",劝她女大当嫁,可是丽莉对男人不太感兴趣,因为她艺术眼光独特。伍尔夫的另一本名著《达洛维夫人》,主人公的女儿伊丽莎白,"苍白的脸上有双中国人的眼睛,有着东方的神秘感"。在伍尔夫笔下,伊丽莎白是一个有个性的女青年。文学史家说拉姆齐夫人和达洛维夫人都是伍尔夫自己的化身,小说中这些女人的"中国眼睛",是伍尔夫"看出来的"。

《丽莉·布瑞斯珂的中国眼睛》(上海书店出版社,二〇〇八年)这本书的作者帕特里卡·劳伦斯教授,是美国纽约城市大学的英国文学专家。一个非汉学家写中英文化交流,眼光应当自有独到之处。书名用名著妙句做比喻非常有趣,一个奇特的引语,一个突如其来的比喻,一时称颂。原有副标题"布鲁姆斯伯里派,现代主义,中国"

(*Lily Briscoe's Chinese Eyes: Bloomsbury, Modernism, and China*, University of South Carolina Press)在翻译中省掉了，不知什么原因，甚至连版权页上也没有出现。可能是出版者觉得中国读者不太明白什么是布鲁姆斯伯里派，会影响销路。

作者探寻英国布鲁姆斯伯里派的作家和艺术家如何"用中国眼睛"看中国，"介绍中国作家及中国美学的方方面面在英国现代主义中的作用，同时也记录了英国作家参与了中国现代主义发展的事实"。由此，她的立意"有别于前人的研究方向，有别于那些敌视外国，视西方为'异族''侵略'的文化认识"。这里的"别人"是指谁呢？实际上是所有其他研究中西文化关系的学者，尤其是写作《东方主义》的爱德华·萨义德。萨义德把东西文化交流，看做是西方霸权的文化侵略，萨义德开始的"后殖民主义"文化批判浪潮，席卷了东西文化关系的研究。劳伦斯在多处提出后殖民主义的观点，没有正面辩驳，却用整本书说明一种互补互利的文化交流，一种在东西方互动中发展的现代性，不仅是可能的，而且实实在在地存在于布鲁姆斯伯里派与新月派之间。

全书的架构是叙述布鲁姆斯伯里派与新月派的人事、写作和艺术关系。其中说得最多的是二十世纪三十年代青年诗人朱利安·贝尔与新月派小说家凌叔华的情事，朱利安是弗吉尼亚·伍尔夫的外甥，著名美学家克莱夫·贝尔的儿子。书中也说到凌叔华与伍尔夫的文字交往,徐志摩在二十年代与布鲁姆斯伯里派的政治学家狄更生、美学家罗杰·弗莱、东方学家阿瑟·韦利的交往,四十年代萧乾与布鲁姆斯伯里派小说家福斯特的交情,利顿·斯特拉其写慈禧太后的戏剧,以及朱利安的母亲瓦内莎与弗莱等人的美术与中国艺术的关系等等。所有这些,都是这两派关系的实证研究。

作者用了不少篇幅讨论布鲁姆斯伯里派与新月派的对比:两个派别都是唯美的,试图超越政治的。甚至两个派别的组成方式都有相通之处。布鲁姆斯勃里,是伦敦市中心一个小区,著名的大英博物馆,伦敦大学的大部分学院,许多著名书店出版社都集中在这个地区。二十世纪初,范奈莎与弗吉尼娅姐妹,住在布鲁姆斯勃里地区的戈登花园广场四十六号,成为一批知识分子的聚会地点。范奈莎的第一个儿子朱利安一九〇七年出生在这里。

所谓布鲁斯伯里集团,实际上是一个松散的、经常聚会的知识分子群体,这个集团永恒的核心,却是两位姐妹:画家范乃莎·贝尔,小说家弗吉尼娅·伍尔夫。到底谁是布鲁姆斯伯里派的成员,实际上没有一个确定的范围。我看了几本《布鲁姆斯伯里人物传》,把曾经受两姐妹邀请参加聚会的人,全都看成布鲁姆斯伯里派。但是主要人物是画家(格兰特·卡灵顿),作家(福斯特·加涅特),诗人(艾略特),美学家(贝尔·弗莱),也有政治学家(狄更生、伦纳德·伍尔夫),经济学家(凯恩斯)等等,因此没有什么正式与非正式成员之分,但是有经常来的核心分子,和偶尔来的"边缘分子"(罗素、韦利等)。

可以看到,"布鲁姆斯勃里集团"与"新月社"有许多相似:新月派,也是以文会友的松散集合。只是布鲁姆斯伯里美术家为多,新月社以诗人、作家、批评家为多(胡适、闻一多、陈源、饶孟侃、梁实秋、沈从文、凌叔华、朱湘、卞之琳、陈梦家等),团聚包括科学家(翁文灏、李四光、梁思成),政治家(张君迈、罗隆基),人类学家(潘光旦),经济学家(张奚若),甚至军人(王赓、蒋百里)等,聚会形式也是沙龙:开始是徐志摩家,后是闻一多家,其后是林徽因家。也出杂志,办书店,参与情况却因人因事而变动不居。有的文学史家认为北京"现代评论派"与"新月派",成员有重复,却不是一个派别,实际上一九二三年的新月社,与一九二五年的新月社,与一九二七至一九三二年在上海的新月派(即新月书店作者群)成员也很不相同。在《新月》上发表诗的,为《现代评论》写稿的,参加林徽音或闻一多沙龙的,被陈梦家编入《新月诗选》的人,基本上都是徐志摩的个人朋友,因此都可以算新月派。所以我提出:徐志摩认谁为朋友,谁就是新月派。

一次大战时,布鲁姆斯伯里集团都登记为"良心反战者",拒绝上战场,情愿下乡做农活——英国对拒绝打仗的男人,一向用"插队"方式解决。布鲁姆斯勃里的集会,由伦敦转往范奈莎的农场。由于在第一次世界大战中,他们大都持反战立场,范奈莎不得不搬到乡下"劳动"。因此二三十年代,布鲁姆斯勃里的集会地点移到范奈莎在乡下的居处"查尔斯顿农庄"。一九三七年朱利安战死于西班牙,对范奈莎打击太大,布鲁姆斯勃里集团的集会渐渐终止。伍尔夫一九四一年自杀,应当说是这个社团的最后终结;徐志摩死于飞机失事,也就是新月派的实际终结。

的确,这两个"派别"有太多的相似点,因此除了文学史的接触研究,还应当做平行研究:两个完全不同的社会中,在完全不同的政治局势包围下,怎么会出现组成方式,审美立场都非常相似的团体。难道"美学现代性"是每个民族必然要走过的路?如果必须走过,人员和艺术品的交流故事,就是大潮流中碰巧过场的角色,历史共项的面具。作者也告诉我们,社会文化的大背景不可忽视,不然无法解释人物的行为。例如在剑桥求学时,朱利安对英国新批评开创人瑞恰慈和艾略特的新古典主义倾向"嗤之以鼻",但是在武汉大学教文学,就不得不引导学生读这两个人的作品,因为他发现在中国文学中,"感伤主义"——无论是"现代派"徐志摩还是传统的鸳鸯蝴蝶派——弥漫文坛。

帕特里卡·劳伦斯教授说,她是偶然在一场拍卖会看到朱利安有关与凌叔华情事的艺术信件,突然找到这个题目，然后到各种档案库阅读文件，力图从历史留下的痕迹找出全部故事。她发觉困难在于信件本应当是有应有答，但是很多环节缺失：例如朱利安与凌叔华之间的事，朱利安的信件极多，他在向他的母亲和朋友夸耀自己的中国情人，而凌叔华那边的文件几乎不存在：作为一个已婚的中国女人，许多事羞于出口，也无处倾诉；五十年代萧乾把多年收到的福斯特的信件上缴给作协领导，这批信从此不见影踪，福斯特因为萧乾不回信而愤怒地撕毁先前保存的萧乾信件，因此这些故事不全。至于与徐志摩有关的事，由于那个著名的"百宝箱"事件，大部分信件不知所终。劳伦斯教授的叙述不得不用推论和想象补上许多缺口。不过，这也正是任何历史写作的题中应有之义：事件过程都留下大量难以解释的空缺，或不一致之处。任何讲述者不得不以"故事化"方式补成一个连贯的情节，无人能声称在报告绝对真相，哪怕言必有据也不足以保证真实：讲述者的选择本身就是"叙述化"。

但是我们还是不得不羡慕作者的运气：作者靠了在十一个档案馆内发掘史料，才写出这本书。西方大学和图书馆把收藏著名文化人的"个人档案"（他们留下的全部碎纸片）作为重要工作。不加整理的资料，会无法查索，无法使用，因此各图书馆收藏后不得不用大量人力做整理。考虑到西方人工工资成本过高，"存档"工作能坚持下来还真不容易。而且，由于许多图书馆都对此有兴趣，而各家的选取标准不一,保证了存档人物的多元。

人物或事件的重要性,在历史上会发生很大变化,只有多元选择,才能让后世的研究者不感到太多的遗憾。目前这工作在中国几乎尚未开始,"文学馆"全国唯一,将使档案选择标准单一。今日中国现代知识群体留下的文件即将消失殆尽,恐怕让各大学图书馆都来参与,是在这个最后时间补课、抢救的好办法。

不过,从此书来看,作者幸运地找到这些书信材料,不一定是这些被收藏者的福气。朱利安在给范奈莎的信中批评中国人"欣然接受浪漫主义最糟糕的作品,像沉溺于杜松子酒的黑鬼";在另一封信里说:"多么高兴我是呆在人类(指中国人)之中,而不是(福斯特)那些令人厌恶的黑人(指印度人)当中"。在朱利安牺牲后,一九三八年他弟弟昆丁编出的朱利安书信集中,完全没有这些话,明显被删了。朱利安做梦也没有想到,他给至亲好友的信中随手写下的话,会在大半个世纪后,被一个美国教授抄下来公之于世。朱利安是不是个种族主义者?我认为不是,因为心里说几句"政治不正确"的话,恐怕人所难免。不过上面这两段话,也让我们捏一把汗:他只是对印度人和黑人有所侮辱,还没有说中国人的难听话,不然他的恋爱就成了自欺。不过谁又能保证他心中对中国人绝对没有坏话呢?

这就让我们回到本文开场的题目:"中国眼睛",到底是好话、丑话，还是客观描述？所谓"中国式眼睛"，就是中国人说的"单眼皮"，英文叫"slit eyes"（眯细眼）。从《到灯塔去》上下文似乎可以看出，不漂亮可能是丽莉嫁不出去的原因。

十年前英国女王伊丽莎白访问中国时，"王夫"菲利普亲王接见在北京学习的英国学生，开玩笑说他们的眼睛成了"slit eyes"，这些学生比亲王明白事理，对报社说亲王在中国开这种玩笑太过分了，英国女王的丈夫应当管住自己的嘴，少惹是生非。这次奥运会，王子查尔斯本来要来北京，结果没有来，英国报纸就嘲笑说，他的父亲菲利普亲王害怕他在中国变成"眯细眼"。

奥运会开幕的第二天，男篮劲旅西班牙队，在加时赛险胜中国男篮。赛后全队站在场中让西班牙著名的体育报纸Marca拍照，他们竟然集体手指拉眼皮做"眯细眼"，表示庆祝。中国人看了倒是没有说话，恐怕也没有弄懂这些家伙在搞什么鬼，国际奥委会却立即抗议"太不像话"，西班牙正在竞争二〇一六年主办奥运会资格，连忙让篮球队道歉，说是没有恶意，玩笑开过分了。

就是中国人自己恐怕也并不认为Chinese Eyes是好话，不然怎么会有那么多女孩子冒风险去划两刀开双眼皮？双眼皮比单眼皮好看，这个审美概念中有没有"东方主义"文化帝国主义霸权意识？讨论到这种程度，恐怕文章会越做越没有意思。但是劳伦斯教授反复强调，伍尔夫让这个虚构的英国女画家得到一双"中国人的眼睛",从而让中西现代性形成过程中出现"美学上的相辅相成"。那么为了促进中西文化交流,中国艺术家是否早就换上了"西方眼睛"?

让我再虚构一步:在朱利安与凌叔华眼光突然擦出爱情火花时,他看到的是单眼皮还是双眼皮?我承认这个问题无聊,但是读者诸君且慢指责!本书标题的妙引妙喻,实际上带来许多问号——如果我们能从劳伦斯教授的对面方向考察这桩"两厢情愿"的罗曼史的话。

最后,我向文学史学者和出版家们提出一个建议:为什么不愿意直接翻译中西文化交流史的关键文本?例如朱利安的书信日记,例如奥顿与依歇伍德一九三八年访问中国写成的《战地行》,例如艾克顿回忆北大教学生活的《爱美者回忆录》,例如赛珍珠的《自传》。这样,我们中国人可以做出自己的叙述。

父辈的朋友新批评派

为什么新批评派值得重视？这个问题不必回答：任何在理论史上起了重大作用的派别都必须重视。最近美国有几本文集，新一代的批评家感叹："讨论具体作品时，我们仍然像个新批评派。新批评派像哈姆雷特父亲的鬼魂，依然在指挥我们。"（赵毅衡《重访新批评》，百花文艺出版社，二〇〇九年）

对我，对每个文学学生，研究新批评是一个必要的阶段性工作。我们面对的知识集合，就是历史投射在今日的影子：我们无法跳过历史的演变而直接掌握今日，就像不可能不读弗洛伊德而直接读拉康。要了解现代文论，无法不读形式论，而要想了解现代形式论，就绕不开新批评。

问题是，为什么新批评派更值得我们中国学界重视？第一个理由是，这个理论派别与中国现代文论特别有缘。我的学术领域之一是中西文学关系史，当年我选中新批评做研究课题，是由于新批评与中国现代文学界的诸多关联。

这一个非常重要的课题至今没有得到充分研究：瑞恰慈数次留在中国执教，对中国情有独钟；燕卜荪在西南联大与中国师生共同坚持抗战，戎马倥偬中，靠记忆背出莎剧，作为英语系教材，成为中国教育史上的一则传奇。穆旦、巫宁坤、郑敏等人，上世纪四十年代末在芝加哥大学直接师从芝加哥学派的克兰（R·S·Crane）、奥格登（Richard Ogden）等人，他们算是新批评核心耶鲁学派的论战对象（现在看来他们同多于异），中国学生也不得不熟悉导师的对手。一九四八年燕卜荪从北京去美国肯庸学院赴兰色姆召开的会议，当时恐怕创造了几个纪录：这是新批评唯一的一次正式集会，"文学理论"竟然重要到召开"国际会议"，现在是家常便饭，当时是匪夷所思；二是远道从中国乘飞机赴会，煞风景的是燕卜荪夫妇不得不用整整一麻袋"金圆券"去买机票。

新批评是中国知识分子从上世纪二三十年代就心向往之的课题：中国的介绍，几乎与新批评的发展同步：卞之琳、钱钟书、吴世昌、曹葆华、袁可嘉等先生先后卷入对新批评的介绍，而且这些前辈七十年代末都在社科院。当时已经见不到的还有朱自清、叶公超、浦江清、朱希祖、李安宅等等，都对新批评情有独钟。卞先生解嘲说："三十年代初瑞恰慈在清华开'现代文学理论'，我也去听了，一点也没有听懂。"他是要我去完成他们那一代人想做而时代不允许他们做的事。

后来我读到一九六四年出版的那本《现代资产阶级文艺理论论文选》,其中第一篇就是卞先生翻译的艾略特《传统与个人才能》,那是无人能重做的定译,这本书中还有杨周翰先生译瑞恰慈,张若谷先生译兰色姆,麦任曾先生译燕卜荪,袁可嘉先生译布鲁克斯,几乎是借"批判资产阶级"的名义下一场与老友老同事的聚餐会。八十年代中期,我借编《新批评文集》的机会让他们又集合在一起,虽然到那时除了韦勒克和燕卜荪,大部分新批评派已经退出人生舞台:一九七八年六月瑞恰慈在青岛讲堂上倒下,陷入昏迷再没有醒来。

研究新批评,还有一个原因,今天的学子听来或许匪夷所思;七十年代末,新批评已经"过时"。那时,连结构主义也正在"过时",形式论已经可以一言蔽之:转向了。这个局面,恰是当年卞之琳先生指导我研究形式论的动机,也是我们今日重访新批评的价值所在:可以通读一个学派的全部文献而不怕遗漏,可以从头起沿着现代形式文论的脉络走一遭。那时候中国学界没有追赶新潮的狂躁:既然一辈子做学问来日方长,何不悠游源头,再顺流而下?把一个个派别的来龙去脉,优点缺点,都研究清楚。

记得一九八〇年,见到钱钟书先生,他问我在做什么题目,我说在细读新批评。他马上问:"也读威姆塞特?"我说是的。"那么读了 *Day of the Leopards*?"我说读了,先生眉开眼笑。《豹的日子》是威姆塞特去世后一九七六年出版的文集，是他一生最才气纵横的文字。当时中国进西书不易，虽隔了四年，绝对算新作。普遍认为《管锥编》的作者喜欢引中西古人。钱先生读西方理论之及时，至今很少有钱学家注意，无独有偶，耶鲁解构主义的主将之一哈特曼（Geoffrey Hartman）在著名的文化批评杂志 *Boundary 2* 上发表的一篇访问记，深情地回忆他刚到耶鲁见威姆塞特，剧谈《豹的日子》。好书的确就是好书，岁月只能让它变得更好。

在日丹诺夫式的"社会主义现实主义"理论的粗暴统治的半个世纪中，中国知识分子心中还记得另一个传统。这个多年的潜流，也是我们应当珍视的传统。

像所有重要的"过时"学派一样，新批评作出了今天的文学批评家无法跳过的重大贡献。如今写文学评论，无法不使用新批评留下的一些基本的分析路线，例如张力、复义、反讽、悖论等等。新批评还有一个好处，它与作品结合的很紧，主要的新批评派人物大多以创作鸣于世（艾略特之诗人地位不用介绍了，燕卜荪被视为英国现代诗歌奇才，兰色姆、退特等都是美国现代诗选本不可或缺之人，沃伦的小说极受欢迎，名著《国王的全班人马》两次被拍成电影并得到奥斯卡奖），因此很少做架空之论，其批评方法简便清晰，具有强烈的可操作性，哪怕不引用新批评派原作，也可以不露痕迹地运用新批评的观点与方法。

"超越"了新批评的诸家，不得不具体分析作品时，用的依然是新批评开创的细读。雅克布森与列维-斯特劳斯分析波德莱尔的诗十四行诗《猫》,一首诗读出几十页的分析;巴尔特读巴尔扎克中篇《萨拉辛》,读成一本更长的书;苏珊·库巴《阁楼上的疯女人》细读《简·爱》,从对一个"次要人物"的反讽处理,引出全新的女性主义文学观。最近,"后经典新叙述学"的代表人物费伦分析石黑一雄的小说《长日廻光》,从极细致的细读中抽丝剥茧地引出论辩。我先后在一些国家指导文学博士生写论文,我再三强调的基本原则是:"先细读作品再进入理论,无论你的理论是后殖民还是后现代。"我发现其他教授指导学生,可能措辞有所不同,用的却也是这条原则。

上世纪七十年代末八十年代初我在社会科学院读硕士。那时精力比现在好,心气比现在高,做学问讲究一个"彻底",也有做苦功夫的劲头。当时我的原则是:凡是做一个题目,落笔之前必须通读全部必须读的文献;一旦书成,要准备后来人提出新的更高明的见解,但是至少在资料详备的上不应轻易被超过。

一九七八年,我到社科院跟着卞之琳先生读莎士比亚,每过一个月左右到先生干面胡同的书房里。按先生的布置,写一些读莎笔记呈交先生,他说可以才写成文交给刊物。记得是第二年,卞先生突然说:"我看你的兴趣在理论。"我听了有点吃惊:七十年代末的青年学子,避"理论"唯恐不及;刊物上尽是一些"理论家"在吵闹不休,上纲上线、互指祸国殃民,说的都是一些近乎弱智的废话,有出息的学生应当读出作品灵气,写出优雅文字。卞先生怎么会发现我"兴趣在理论"?

回想起来,应当说先生眼光极准:我的确是太喜欢在品赏文字说出一个名堂。当时先生不等我结束犹疑,直截了当地说:"你就从新批评做起,一步步做到当今。"

英国人如何读书

一

坐落于日内瓦的联合国教科文组织（UNESCO），很注意统计各国的出版数字，说是"各国生活标准，教育，民族自觉的重要指标"，这就说得太严重，我们只说"喜欢书的程度"吧，文章做得太大，让人头晕。各种统计数字，精确到个位，反而让人怀疑其精确程度。这里只谈印象，印象可能比精确统计更加重要。

依据联合国教科文组织统计年鉴的数字，一九九五年中国出书十万零九百五十一种，而英国却是十万一千七百六十四种，稍多于中国。全世界仅此两个国家出书过十万种。可以说在出书上，英国与中国，长期以来是世界上二大领袖。九十年代中期后，中国与英国出书并肩于十万种，往下就差得很远：德国七万种，美国六万种，法国三万种。

从那以后，一时中国超过了英国，每年出书逼近二十万种。但是进入二十一世纪，情况似乎翻了过来，据中国新闻出版总署每年的统计数字，中国新书比例一直是是百分之六十左右，重印经典古籍当然是好事，但是读新书也是人民"文化自觉"的必要。

看一下每年出版新书的数字，那么近年英国又成为世界第一书国：二〇〇五年英国出版新书二十万种（title）；美国十七万种，居第二；中国在第三位，十三万六千种。如果考虑到英文书籍常有英美两种版本，可能有部分重复，至少我们可以比较肯定地说：中国把世界第一书国的地位又让给了英国。

这是绝对数字。往人口一平均，就是另一幅图景了。英国每五百五十人印书一种，德国一千零五十人印书一种，法国一千六百人印书一种，美国每四千人印书一种，中国每一万二千人印书一种。也就是说，每年读者需要的印书种类，英国读者比德国读者多一倍，比法国读者多二倍，比美国读者多几乎七倍，比中国读者多二十倍。

或许有人会说，这样算法不对：英国的前殖民地，还在买英国的书，德国书、中国书都难以出口。这有点道理。但出口只能增加印数，表明人口读书欲望的是种数：种数越多越赔钱。

二

当然无法统计,书多少次被读。每年二十万种书,就是每天出版五百多种,谁也没有本事每天浏览五百本书的书目,所以印书不是读书。

不过旧书店多了,一本就顶几本,功用超过纯印数。所以,值得看一下英国人如何读旧书。

喜欢英文旧书,伦敦值得来。市中心旧书店星罗棋布,各有专司。市中心区的切林十字大街,竟是一条旧书店街,你就想象琉璃厂搬上了长安街就是了。有的旧书店奇大无比,全部按作者姓名排列,因为知道买旧书的爱书者,都是追着他们心爱的作家而来,在这里找书比图书馆都方便。

有本小说《切林十字大街四十八号》,说的是一个纽约的爱书女士,所要的书只有到这家旧书店邮购才能买到。与书店老板通信多年,感情就从书晕染开去,来了一场旧书中的"柏拉图"。最后女士找到伦敦,旧书店老板却去世了,旧书店拍卖了:人走书空,令人伤怀。如此一本几乎无情节可言的书信体小说,得到如此浪漫感情的男人,竟然是个职业最无聊、最没劲的旧书店老板,而且这本小说竟然拍成电影,而且除了我,还有不少人喜欢!

不过最让人惊奇的,是威尔士的一个小镇,名称有趣,叫歪河嘿镇(Hay-on-Wye)。此镇在威尔士东北山区，不通铁路。从伦敦开车单程要六七个小时，当天别想回来。从高速公路转进山间盘盘旋旋的窄路，两边只见牛羊，最后在绿水青山中，一个小城，全部人口怕只有千人。洁洁净净的街巷，酒吧野趣，山上有废堡，古色峨然。英伦三国，最好看的就是这种小镇，但是名镇数百，哪儿轮得上它？

上世纪六十年代初，有位布斯先生忽生奇想，买下一个废农具厂，改成一个巨大的旧书店。又有人改建电影院，打了四层地板。此镇变成一个旧书城笼共一条街，陆续开了三十八家旧书店，还有一家开在山上古堡里。最大的一家，恐怕也是全世界最大的旧书店，存书四十万本，干脆是个图书馆。不同的是在此地看书，老让人掂量口袋，掂量放纵占有欲到什么程度。当然就得分类。"中国"这个题材，就有三书架。至于言情、色情、同性恋、侦探、庭审、历史、科幻、魔幻等"类型书"，自然各有发烧读者。不入类的"一般小说"，占了整整一层。

与我一起去的，是一位作家，走出店门后，失魂落魄。说是从来没有想到有这么多小说被人写出来，印出来，买进家里，卖到此地。辛苦经年，出版时真是天上地下唯我独尊。到此才知不过是恒河沙数之一，何必再尽毕生之力供应旧书货源？

作家也太容易颓唐。我也在纳闷，不过是另一个问题：人们为什么要开车那么远，来此地看旧书？到该找旅馆的时候，我就明白了：就像求签问卦要上峨嵋山，一个道理。这是一种特色旅游业，满镇不是旧书店，就是小旅馆。环境之绿，似乎买了书，就沾了一点儿山水。

每年夏天，此地还开历时十天的文学节，借本地小学操场，搭大棚组织上百场作家演讲，爱书者排长队等签名，到此时连附近农庄都腾房办旅馆，牧羊人开临时出租车。慕名而来的读者过万。这个生意经，点子还真不错。话又说回来，或许只有在英国，才能做这种"旧书城"的生意经。我到过的西方国家，数英国人最喜欢读书。

三

另外一种估计读书（而不是仅仅买书摆架子）情况的尺度，是图书馆。图书馆是唯一"一本书多人读"的地方。

我曾经住在北京东北的望京"小区"，此处号称三十万居民。据说还不是一般居民区：教师，艺术家，书人（作家，记者，编辑，书商），远远超出北京全市比例。北京本来就多这三类人，在文化首都中，此处居民文化更高，那么望京真是来住无白丁。无怪乎规划建造"望京好莱坞"电影院，望京宜家城，望京宠物乐园……但是没有一个规划者想到一所公共图书馆。整个望京，几乎没有一家像样的书店。至于公共图书馆，整个北京，东半边的人，要看书报，到首都图书馆；西半边的人，到北京图书馆。起个大早来回打了八十元的出租，能否看到要看的书，各位读者经验丰富，抗议文字已经写了半个世纪，豪华的图书馆实为藏书楼，说了没用就不说了。

北京八百万人口，只有两家公共图书馆。当然，学校与文化单位，有图书馆，但是不对公众开放，藏书也只顾专业。想当初我在北京，在一个国家最高级文化研究单位工作，找一本超出本"专业"范围的书，就在同一个楼，打了三封介绍信过去，还是不让借。

八年前在英国，我必须搬家，挑的地方，首先想靠地铁交通方便，还想离公共图书馆近一些，看书看报方便。幸亏，这点容易办到。伦敦有三十个区，平均每个区有八个公共图书馆，因此有二百八十八家公共图书馆。至于大英图书馆，大学图书馆，都是供研究用的，居民看书报不会去那里。我就近挑个像样的公共图书馆，有四层楼，分别陈列书籍报刊、地方史资料、音响录像、电脑终端。

英国报刊最近指责图书馆"方向错误"：来图书馆的人不断增加，借书人数量却连年下降，来图书馆借录像，用电脑的人越来越多。舆论认为，图书馆读者减少，对人口素质不利。

这是有图书馆可去时才能发的牢骚。住在北京，从望京到和平里，几十里绵延不断锦绣般光灿灿商场大楼，就是没有找到一家公共图书馆，让我无法对管理员的买书趣味挑剔一番。

联合国教科文组织，最近公布了各国公共图书馆统计。这份统计一向延迟过久，最近的是一九九八年。数字是各国自己提供的，联合国无法核实。而且不全，有些国家，例如美国，向来不屑与向联合国提供数字，只能从缺。

但是我们依然可以看出，大部分国家，在公共图书馆数字上，似乎没有谎报。各国数字天差地别，但是我花了点功夫，用人口总数一平均，却看出规律井然。

从我喜欢并且痛恨的英国图书馆谈起：英国上报，有公共图书馆五千一百八十三所。也就是说，每一万居民，有一家图书馆。这个水平看来是全世界中等。加拿大等许多英语国家，与此相仿；比较爱读书的，似乎是日耳曼语国家：德国每六千六百人有一所；芬兰五千人；奥地利四千人；挪威四千人；瑞士三千人。看来瑞士最出色。

拉丁民族好玩乐，果然每两万三千名法国人，享用一所公共图书馆，每两万六千意大利人一所。他们都去看戏、看歌剧了，文化生活也算丰富。

其他地方就惨了。不过发展中国家，先要喂饱肚子，总不至于外援或贷款用来买书。公共图书馆是不是文化产业，是要各级政府财政支持的公益事业。有的国家公共图书馆才个位数，中国不能跟他们比。这里就不再引用此种悲惨数字。

很有可能成为世界第一经济强国的中国，公共图书馆，报的数字是两千六百所（一九九八年），是经济上中等水平英国的一半。但是用十三亿人口来平均，中国五十万人分到一所公共图书馆。五十万人，是一个县的平均人口。一个县以往往往保持一所图书馆，这个数字看来乎准确得出奇。

但是知识人最集中的望京三十万人没有一所图书馆，文化首都北京，东半边四百万人，分享一所首都图书馆。难道全国各地，图书馆密度比北京多八倍？这公平吗？我只能怀疑两千六百这个数字，是否准确，各县的图书馆依然在否？

大部分人没有觉得这是个问题，因为想读书的人，多是知识分子。知识分子必然属于一个公家文化单位，那里总有个资料图书馆可供使用。这个简单的假设，已经非常不符合目前社会情况。望京的知识分子，多的是"自由职业者"，靠的是自己的藏书。但是这"自力更生"日子，总有过不下去的时候。

我在这里写这篇文字，看来是区区小事。文化正在欣欣向荣地产业化，政府凭什么要花钱满足居民中的书呆子？但是从我上面列举的数字可以看出：公共图书馆关系到一个民族的素质：民众无处读书，无需读书，无书可读，似乎也不必读书，这样的国家，如何成为二十一世纪的主人？

联合国教科文组织统计卜，我们的东邻日本，不知为什么没有上报公共图书馆数字。村上春树的《海边的卡夫卡》，主人公，一个逃离家庭的少年，在一个海边小城的图书馆找到藏身之地。两个图书管理员，一个是唯一能理解他的人；端庄的女图书馆长，爱上他，最后我们才发现，女馆长竟然是他从小散失的母亲；而一个文盲白痴通灵者，在图书馆看到通往地狱或天堂的入口。

发生在此小城图书馆的这些事，我始终摸不着头脑。但是村上春树很懂得日本读者，或许日本人就是觉得图书馆里，什么事情都可能发生。

我们小说的有趣故事，从来不发生在图书馆里。近日的电影《恋爱中的宝贝》，被评为幻觉镜头太多。其中有个老头死在书架下，却是他自己的藏书室书架。可见，我们再幻想，也没法脱离实际。

我认为八百万北京人至少有资格拥有几所公共图书馆，哪怕不发生奇迹，哪怕只让我们翻翻书报，幻想离家出走，遇到奇迹。

谎不惊人死不休

英国湖区,风光旖旎,一向是吸引骚人墨客的地方。十九世纪初的浪漫"湖畔诗人",一百年后在中国竟然也出现一个同名诗派,可见影响深远。

不奇怪,百年前,湖区就游人如织,酒吧业、旅馆业发达,竞争激烈。某个酒吧老板,忽生妙计,举行"撒谎比赛",作为本店特色。因为据柏拉图说,诗人是最会撒谎的人。湖区多诗人,撒谎本领理当不让于人。

开始时,主要是老板自己表演说大话,吹牛皮,没有多少人有勇气上台与他比试。传统维持一个多世纪,发扬光大:年年举行独一无二的"世界最大撒谎家比赛"。有裁判委员会,有比赛规则,费厄普赖,绅士风度。观众云集,早在几个星期之前就订了满座。

秀气所钟,湖区本地人,经常夺到这项桂冠。但是今年突爆冷门,裁判举牌:一个南非人,得到最高分。听众大哗，竟然唱起英帝国歌曲"统治吧，大不列颠"，表示抗议。而上届冠军，本地某名流，对传媒愤怒发誓"今后决不再参加'竞赛性撒谎'！"记者问他此言是否当真，他说"绝对如此！"于是记者也同意，是裁判打错了分，冠军应当属于此人。因为这个比赛的标准是：假话说得越真，得分越高。

有人说，历史就是谎言集合。话虽然不错，但是盗亦有道，谎言也有超越性标准。希腊人常常讨论谎言问题，因为希腊人好思辨。希腊人都说克里特岛人擅谎。如果一个克里特人说："克里特人没一句实话"，那么这个克里特人说的这句话可信吗？这是后来著名的"罗素悖论"的最早样本。实际上，一句简单的话"我在撒谎"，你既不能判断为假（那样我就不在撒谎），也不能判断为真（那样我也不在撒谎）。

中世纪欧洲盛传阿拉伯人会撒谎，那是因为《天方夜谭》的眩目光彩。相比之下，《十日谈》、《坎特伯雷故事》讲故事笨拙得抽筋。然而，现代性一旦在欧洲发源，一边就有伽利略、牛顿的严密思维求真，另一边就有《堂吉珂德》、《格列佛游记》的天马行空要假。"真""假"并行，各得其所，才是现代性。

流风余韵，至今愈演愈烈。英国广播公司（BBC）电视，用了一年时间，电视、电台、因特网同时动员，搞了一个《大阅读》运动，介绍好书。最后让观众选举"最佳小说"排名。让专家们吃惊并且窘迫的是，其中幻想小说，数量极大。

而现代中国，幻想小说几乎是个缺门：二十世纪头十年一时繁荣，被迅速忘却；二十世纪最后十年，冒出个别"未来小说"作者，王小波、王力雄、乔良等，评论家都不认为是他们的最佳人选。我们弄比较文学的人，面对的两大难题是：为何中国古人无史诗？为何现代中国小说如此迷恋"现实"？

在海外，中国大陆人层出不穷的回忆录，自称是"中国特工专门训练的女〇〇七"，或自称什么大名人的私生女，把少见多怪的老外一愣一愣。此种书籍，层出不穷，前赴后继，给民族大大增光。

去年更上一层楼，出了一本号称自传的《"九一一"婚礼》，说是二〇〇一年九月十一日星期二，作者与她的洋人未婚夫驱车去教堂举行婚礼，未婚夫要回到世贸楼办公室取领带，结果惨死于爆炸之中。有专门做言情小说的书商，觉得这个国际惨情故事太好，决定全面出击，宣布一条条炸破传媒界的新闻。"诺贝尔奖入围"、"二十六种语言同步出版"、"大导演卡梅隆一百万美元买下亲自执导"，种种说词，来个中国传媒史上空前未有的大包装。策划人向新闻界一再说，他们的目的是："欲在全球掀起一场古典浪漫主义的言情风暴",因为此书"创造永恒,书写崇高,还大众一个梦想"。拯救全人类,免于道德堕落,目的既如此高尚,选择什么手段,就小意思了。

有海外中国人当作一个事真去查了一下,结果全部是露馅饺子,一锅糊涂汤。此事传回国内,人们耸耸肩膀:"值得大惊小怪吗?"国内人经受传媒地毯轰炸,本领高强,既不当真也不当假,绝对不会神经崩溃。我们的这种态度可以理解:谎言太多了,无法一条条认真查问。如果记者不认真调查,读者能有什么办法?懒得分真假,一切都亦假亦真。

心理学上,有所谓"谎瘾",或"习惯性撒谎"。其症状是:即使没有目的没有好处,也要把撒谎进行到底,一说实话,就浑身不舒服。有这种病的,大部分是儿童,要挨多少板子,才能长大成人。现在有些国家禁止体罚,连父母都不准打儿子屁股,不然逮到官府里去。这就不太好办了,例如欧洲国家,谎瘾儿童就越来越多。教育学家,已有大部著作研究,家长们正在辛苦攻读。心理治疗行业繁荣,也是好事。

现在的难题是:假定一个少年走来,对心理医生说:"我有习惯性撒谎症"。医生是相信他,给他开出假条,留下治疗?还是断定此言是谎,此人无病,请他乖乖回校读书?这比"世界撒谎冠军"更难以判断,因为治疗的先决条件否决了治疗对象。

不过,中国谎瘾儿童家长莫慌。按某些出版商的逻辑,这本"言情自传"是假,所以才值得花钱花力气包装成真。因为,如果是真的,如此包装,不是反而被人怀疑为假?

这也有道理。看来撒谎本有的悖论怪圈,已经紧紧勒住了中国人的脖子。

谁能为奈保尔辩护

英国人对诺贝尔奖一向不当回事。每年的布克奖,名声超过诺贝尔奖,得奖书也能短短畅销一阵。我认识一个朋友,姓戈尔丁。我说:"你的姓氏了不起。"他不无自豪地回答:"当然,《苍蝇王》么。"我说:"诺贝尔奖得主啊!""诺贝尔奖?"他皱皱眉头,"他得过那个奖吗?"我很不高兴,这位小戈尔丁先生对诺贝尔奖态度未免太傲慢了一些。不过,今年英国两位科学家得到诺贝尔医学奖,电视镜头一闪而过,连名字都没有说清。

这次奈保尔得奖,英国传媒破例地报道了一下:当晚电视有消息,第二天几乎每家报纸都有一篇不大不小的文章,虽然第三天就不再有追踪报道。第四天我到伦敦大学图书馆看了一下,他的书一本没有借走;到书店问,回话说"奈保尔的书一向好卖,现在也不难卖"。亚马逊网上书店一直在出售奈保尔早年初版本,从七十五美元到三百美元,拍卖初版本才十五美元,得奖后好像也没有涨价。

自从一九八三年奖归戈尔丁,有十八年诺贝尔奖与英国作家无缘;自从一九九五爱尔兰诗人西尼之后,已经有六年该奖不归英语作家。看看一九八〇年之前的情况,把诺贝尔奖捏着指头算一算,英语作家占了三分之一强。就此而言,近年真是不堪回首。奈保尔得奖,英国传媒破例地高兴了一下,可以把奈保尔说成是"英国作家"。

英国文坛一向引以为豪的是"正宗英语":经常听到英国文人嘲弄某个英语国家的作者"写的什么英语!"奈保尔十八岁到英国读大学,不久就开始写作生涯。早期也偶有评论说他的英语不地道,被他用漂亮的英语文章狠狠地嘲弄了一番。现在文坛公认,他的英文之优美,令人赞叹。连艾米斯(Martin Amis)这样的英国文学世家,都认为奈保尔的散文,当为极品(perfect)。奈保尔自己承认美国文坛对他有排拒心理,认为他的文字"太英国"。他虽然是印度裔,特里尼达出生,却在英国住了五十年。七十年代初他在英国成名之后,特里尼达政府恭请他回国,他也有意,不久就打了退堂鼓。这个近七十的老人,在英国住了五十年,说成英国作家也不为过。

在文学界,这次的诺贝尔文学奖并不意外:奈保尔早就应该得到这个奖,已经有二十多年,他被认为是"后殖民"代表作家,讨论奈保尔的专著,早就有十多本。在他近半世纪的创作生涯中,他的十多本小说,外加十多本"旅行考察文学",已经得到英国的几乎全部文学奖,加上其他国家的文学奖。一九九〇年,被英国女王册封为爵士。还能给他什么奖呢,除了诺贝尔这个奖中之奖?本来,今年十月中旬,他的新作《半生缘》就要发行,以他的处女作《神秘按摩师》改编的电影就要首映,那么,这个诺贝尔奖不过是锦上添花,虽然花束是大了一些。

特里尼达是个只有一百万人口的小岛,居民一半是黑人,一半是印度人,还有一些中国人。没有一个人可以自称本地人:全是移民。奈保尔的一九七二年的长篇《游击队员》中的主人公,就是一个半中国血统的拉美革命者。奈保尔的小说,一直没有离开他的文化之根。他的主人公大部分,是像他自己那样的"无根人"。他的永恒主题,是无归宿的漂泊者寻求在异文化中的定位。

十八岁时,奈保尔得到奖学金就读牛津。他曾经说他早期贫穷不堪,只能自杀。不料煤气费没有付足,毒量不够而幸存,我怀疑这是奈保尔惯用的黑色幽默。实际上他三十岁不到就成名,一辈子除了当过短期BBC的编辑,一直靠写作谋生。作家中,尤其移民作家中,如此幸运的实在不多。

他的早期小说,还能用游戏笔墨,把无根之疼化解成谐趣。名著如一九五九年的《米格尔大街》、一九六二年的《波斯瓦斯先生的房子》,用诙谐的语调描写加勒比移民生活。六十年代初他开始他走遍世界的寻根之旅,他自己说:"我的出身迫使我探索印度与伊斯兰世界,我的出生迫使我理解南美，以及奴隶的来源非洲，我的出发点就是世界：我的任务是看，看，再看，再想。"但是，作为"返回者"的每次旅行都让他震惊：关于南美他写了三本书，印度三本书，伊斯兰国家写了两本，非洲一本。这近十本"文化旅游记"几乎每一本都引起争议。在他笔下，这些第三世界国家几乎都是"半吊子社会"（Half Made Society），政客弄权一如殖民者，无法为人民提供像样的前途。他对于"归化伊斯兰国家"（指非阿拉伯伊斯兰国家）批评特别尖刻。一九七八年他出版《在信徒中间》，是旅行伊朗、阿富汗、巴基斯坦、马来西亚四国后写的"文化考察"。十七年后，一九九五年他再度旅行四国寻找前踪，写出《超出信仰》，结论却相同："改宗伊斯兰者别无选择，只能否认改宗前自己的历史。"奈保尔得奖后，英国电视台特地说明他是一位"有争议作家"，并请了英国伊斯兰联合会的代表发表意见，这位代表声称瑞典学术院给奈保尔文学奖"完全出于政治动机"。

但是奈保尔对西方社会的评价一样毫不容情：他认为英国工党有意让文化"往下笨"，布莱尔"海盗般推行平民文化"；他指责英国著名的反殖民主义自由派作家、《印度之旅》的作者福斯特，"只认识他想引诱的印度小花匠"。牛津大学给他名誉学位，他说"学位没意思，当年我就没当一件事"。语调傲慢成为他的文风一个特色：对任何西方东方人人崇敬的事和人，他都有一番刻骨的嘲弄。而他的书的评者,也投桃报李,一样不假以颜色。英国著名左翼报纸《卫报》评论他的新作《半生缘》,一言"毙"之:"怪诞不堪。"今年布克奖就没有让《半生缘》入围,布克奖还在评议中,诺贝尔奖消息传来,今年的布克奖评奖主持者、前保守党教育部长贝克,在被记者责问时说:"我本人非常钦佩这本杰作。"毕竟是前政客,回答这种难题几乎无懈可击。

奈保尔的后期作品,一洗早年的轻松笔调。近年他的作品,他对世界的看法,过于阴暗:他说他的身份"背景地区","都是地球上的'康拉德式'黑暗区"。即将出版的《半生缘》写一个印度留学生,父亲是个有民主倾向的印度婆罗门贵族子弟,响应甘地号召,娶了一个贱民女子,但是婚姻不幸。这个儿子在英国永远无法处理友谊或爱情此类人际关系,最后只移居非洲。这个结局很不祥:漂泊着越来越走进黑暗的中心。

加勒比群岛产生的另一位诺贝尔获奖者、诗人瓦尔科特(Derek Walcott)用谐音称Naipaul(奈保尔)为Mr Nightfall(暮色先生)。的确,奈保尔是一个不折不扣的"右派"作家,他的代表作之一,一九七九年的《河湾》,是对非洲毫不遮掩的攻击。

什么叫"右"?一般认为,在国际文化政治上,认为发展中国家应当自己对"后殖民主义时代"的状况负责任,不应都怪罪前西方殖民国家,就是右翼立场。奈保尔在西方的文化政治体系中，一直是右派。他强烈批评发展中国家的与社会政治问题，几十年来，从不含糊其辞。

西方的文化界、知识界，本来是左翼占多数。因为，对本国的体制化权力进行批判，本是知识分子的题中应有之义。知识分子理应站在弱者一边，揭露并且抵抗掠夺土地的前殖民主义，进行经济侵略的新殖民主义，以及用文化宰制权控制非西方国家的"后殖民主义"。诺贝尔文学奖得主，历来是左派占多数，本是正常。无怪乎二〇〇一年"右翼作家"奈保尔得奖，造成轩然大波。

奈保尔最引起争议的，是他的报告文学体长篇"考察游记"：写印度的两本，写拉丁美洲的三本，写"改宗伊斯兰国家"的两本，对这些地区的国家批评相当尖刻。他强劲有力的英文，生动的叙述，加上他从不隐瞒自己意识形态立场的坦率，使他的这些纪实之作，比小说更有趣。至少，就我看过的几本，的确耐读。

《河湾》（译林出版社，二〇〇二年）虽然是小说，读来却很像他的考察游记：此书实际上是一连串各种的人物的素描，只不过这些人的命运在叙述中交织在一起。纪实与虚构交错，本来就是奈保尔作品的特色，这本小说更甚。

小说的第一人称叙述者是在非洲内地开杂货店的商人萨林姆，不是作家奈保尔；此人物是东非海岸民族混居区的穆斯林后代，不是特里尼达民族混居区的印度人后代；萨林姆开店的地方，只说是中非一条大河上，一个相当大大国家的重要市镇,从比利时独立后乱局不断,戴酋长式豹皮帽、手执权杖的总统,用各种手法铲除政敌,控制局面,而且推出雄心勃勃的口号"在二〇〇〇年前成为世界大国"。

不用猜就呼之欲出了:这是曾经改名扎伊尔的刚果(金),和她三十年的主宰者蒙博托。没有说大河就是刚果河,只不过让这部小说更具有普遍意义:象征了整个黑非洲。

小说中的河湾之镇,实在是一幅令人窒息的图景:燠热,肮脏,愚昧,破败,植物疯长,杀人是家常便饭,食品难于下咽,人民被统治者随意耍弄,他们善于破坏、不善建设,不时就来一阵"毁灭冲动"。中国的农业专家都爱莫能助,经商开店的多是东非海岸过来的阿拉伯裔与印度裔人。

因为没有本地人竞争,做生意利润也来得容易。但是,这个丛林之国,每个人都属于一个部族,互相敌对,更仇视外乡人,哪怕他们能逃得过突发的杀戮,也缠得过强行索贿的各色官员,危险也太多。在小说结尾时,他们的店铺全都国有化了。萨林姆靠预先偷藏起来的黄金,逃离非洲。

作为商人,萨林姆未免读书太多,太耽于思索,于是更无法忍受这样的生活必须的浑浑噩噩。即使如此,一个地方商人,难有奈保尔的国际文化视角。因此,小说里的总统在这个地方办了一个大学,把一批黑人青年培养成新一代的官员,一批国外知识分子到这里来教书。

萨林姆的好友因达尔来了,他是东非印度裔,曾就读英国大学,毕业后才发现他在英国很难找到工作。他去印度使馆求一外交界职务,结果自找其辱,印度人认为侨民不可靠,不会效忠母国。于是他只能回到非洲他的"祖土"。但是他与坚持"非洲人的非洲"精神的学生发生理念上的冲突。他不能接受这种"非洲主义",在小说结束之前就逃之夭夭。这个人物的经历,更像奈保尔本人,他与萨林姆二人,合成了奈保尔的自我。

小说中还有一对白人"非洲学家",对"非洲觉醒"怀着巨大热情的文化人,也许由于奈保尔多年在西方学院饱受批评的积恨,他们是全书被讽刺得最辛辣的人物。自居总统启蒙老师的老教授雷蒙德,整日呆在书房里编辑总统文集,却一直担心首都那边的人对他是否还感兴趣——总统早就不想让人看到他的"班子"里有个白人。他的妻子耶苇特原以为嫁给了一个有历史意义的事业,失望之余,只能不断寻找外遇得到一点生活乐趣。《河湾》中每个人物都以逃离结束非洲之梦,这二位西方学术界代表的命运是"不知所终"——被忘却,是学者最悲惨的下场。

小说中写得最深刻的,是非洲黑人青年费尔迪南。这个青年肯动脑筋,因此成长就很困难,他得思考许多问题,谁是"我们"?谁是"他们"?非洲究竟是不是在蓬勃兴起?

西方是不是在"日益堕落"？如何铲除殖民主义遗迹？民族文化是否应当全部继承？他从这个大学毕业，感到自己是国家的真正主人。在小说结束时，他成为一个官员，念旧恩放萨林姆逃走。但是告别时他却说："大家都在等死……一切都失去了意义，所以变得那么狂热。"

如果这只是奈保尔提供的歪曲图像，是"被殖民者采用殖民者的观点"，也就是说，纯属偏见，那么这是一本立场太错误的谤书，不值得一读。问题在于，现实沿着这本书走得更远：这本书出版的一九七九年，小说中写到的东非中非，就开始二十年动荡：乌干达总统阿明驱赶印裔阿裔人，屠杀三十万；然后是索马里内乱不止；此后卢旺达种族大屠杀，死亡达一百万，四百万人流亡；一九九八年，这场大动乱终于波及刚果。蒙博托的统治，比奈保尔预料的要长，但是二百万人死于刚果的内乱，政变与暗杀，余波延续至今未息。

能逃跑的外乡人很自然想逃跑。小说的主人公逃向英国，那里有与他毫无感情的未婚妻。小说中并不隐瞒，漂泊异乡的亚洲人，跑到西方也很惨：在加拿大被人诈去巨款，在英国找不到出路，在美国受到侮辱。奈保尔的小说，都有半自传性。而《河湾》的这个作者，的确有点过于关注怜悯自己的"无根族"同类。（顺便说一句，中译本中屡次说到"亚洲人"，在英国，Asians指奈保尔那样的印巴裔人，不包括"远东人"。译成"亚洲人"容易误会）。

我们应当做的是规劝奈保尔："不要眼中漆黑一团。要看到非洲的巨大进步，坚信人民的力量和智慧。"谁能有根有据地说这话呢？如果小商人萨林姆没有从《河湾》中逃跑，恐怕我们也不得不奉劝他逃离现实刚果，至少等局势平稳了再回去。

反过来，又有谁能理直气壮地为奈保尔辩护，说此人对非洲的看法并非完全没有道理？说《河湾》至少说出了部分真相？现今学术界（包括西方学术界）没有一个理论体系支持这样一种辩护。

所以，我也拒绝为此书辩护。

帕慕克为中国人写的书

《我的名字叫红》为土耳其作家奥尔罕·帕慕克赢得了二〇〇六年诺贝尔文学奖,在中国读者中也得到一片叫好声,这是近年诺贝尔文学奖获得者难得见到的成功。有的学者从此书中十五世纪阿拉伯宫廷细密画家的争斗中,读出了东西文化冲突,并且认为作者写威尼斯画派的代表"西方影响"致命诱惑,是对西方文化赞扬。因此,诺贝尔文学奖又一次"带着意识形态"。

读到帕慕克的《新人生》(上海人民出版社,二〇〇七年),才发现批评家仔细剔抉发现的秘密,却是帕慕克心里念兹在兹的一贯主题。东西文化关系这个主旨,在《我的名字叫红》中覆盖着层层历史典故,在《新人生》中,却变成了一步不放开的情节中心。

开场第一句,"我",一个工程系的学生,就说,"某天,我读了一本书,一生从此改变。"这是一位老先生写于二十多年前的旧书,却使"我"一读就神魂颠倒,一心一意神往书中的"新世界"。"我"从建筑系一个漂亮女生手里看到此书，也立即爱上了这个天使般的女生嘉娜，然而，"我"发现她有个男友穆罕默得。"我"目睹了穆罕默得被暗杀，嘉娜也神秘失踪。"我"相信他们来自书中，从此搭上长途汽车，一程又一程地去寻找新世界，一路上多次遇到车毁人亡的事故，但"我"都能幸存，仿佛永远可以在整个土耳其搭车下去。最后"我"找到了神秘的"妙医生"，发现此人正是穆罕默得的父亲。自从他儿子中"书毒"丧生后，他建立了一个组织，追杀所有中了这本书之毒的年轻人，而"我"原是被追杀者之一，现在也参与了杀人。

此书毒在何处？书中"境界朦胧"，有死亡，爱，恐惧，还有"超凡时刻"，"偶然性"，虽然内容不清不楚，"妙医生"却称之为"与可口可乐一样充满毒素的西方思想。""我"发现这本书的作者正是"我"的叔叔——一个业余儿童连环画书作家，几年前被暗杀。于是，"我"改邪归正，成为一个有家有小的中年正人君子。最后，"我"把叔叔当年写这本绝顶危险"西化之书"时所用的参考书全找出来，发现叔叔所本的，是凡尔纳、福尔摩斯、马克·吐温，《梦境大全》、《神秘主义基本》等等杂书，《新人生》充满魔力的句子，全是乱抄但丁、里尔克，外加穆斯林思想家伊木·阿拉比。

《新人生》（不是书里《新人生》，我指帕慕克的书）在歌颂西化吗？显然不是，叔叔的书拙劣不堪，年轻人读后上当入迷，最后都丧命。那么这本书拥护反西化吗？也不是，"妙医生"组织的"抵抗西化大阴谋"，手段恶劣且血腥；而土耳其政府似乎骑墙，对两边都压制。

唯一的出路似乎只有一条："我"昔日的天使恋人嘉娜嫁给了一个医生，此人"找出可以将那本书融会贯通的有效方法，过着平静快乐的日子"。

把这本充满神秘奇异和嘲讽的书读到底，才明白这本幽默的书其实很沉重：主人公兼叙述者"我"，是首先被揶揄的对象，帕慕克也在嘲弄自己，嘲弄土耳其。这个夹在东西方之间的国家既是欧盟成员，又是伊斯兰国家，年轻人东倒西歪，无所适从。帕慕克是伊斯坦布尔的良心，这个落在欧洲的亚洲城市，恐怕是世界上精神分裂之都；帕慕克的祖父是铁路投资商（书中"叔叔"是铁路稽查员!），父亲是西化不成功的商人（"妙医生"专门出售煤油灯之类"浅度西化"产品），他的家族东不成，西不就。把《我的名字叫红》读成歌颂西化，恐怕没有明白帕慕克作为土耳其作家心中的痛苦。

书中说，整个巴尔干，东南欧所有的国家，都有《新人生》之类"书造悲剧"。而我们呢？如果我们像主人公那样拼命坐长途汽车，穿过几个死亡，追回时间，我们也会发现中国的《新人生》是如何写成的，我们也会看到年轻人如何与父辈冲突，神往"真理"而赴汤蹈火——帕慕克《新人生》这本书好像专门是为中国人写的。

在华集中营与文学

二战时日军在中国开设二十三个集中营,关押在华交战国西方平民(主要是美、英、荷等国)共一万三千五百人,日文称作"敌国人集团生活所。"

二〇〇六年六月,出版了莱克(Greg Leck)的大部头著作《帝国的囚徒》(*Captives of Empire*),是战争结束六十年后,来得及时的一本集大成的历史档案研究。作者亲自采访了大批被关在集中营的人物,参阅了大量档案、笔记、日记、回忆录,甚至存放于伦敦"战时博物馆"的大量未出版回忆录手稿,都被综合到此书之中。此书里甚至有全部集中营囚犯的名单。可以说,与日军集中营有关的资料,基本上收罗齐全,集中营生活的每个方面,都描述详备。此所谓"定义性著作"(definitive work)。

这些在华西人,原先有许多是中国海关的高薪职员,或是在华公司的大班,原先在租界过着乐园一般的日子。当然也有传教士,或是小店主。上海四周徐家汇、龙华、浦东、闸北有十三个集中营，商人比较多，也有关押特殊人，如修道女的圣母院。很多华北西人，例如燕京大学校长司徒雷登，囚禁于山东潍坊的大集中营。

到了这个拥挤、肮脏、卫生条件恶劣、疾病、高死亡率的地方，在华西人感到生活反差太大。为了"维持纪律"，日军甚至用酷刑、枪决伺候。冒险家的天堂变成了地狱。

莱克的这本书，应当说收集材料并不是很难，难在于花工夫：从集中营里出来的人，不少人有回忆录问世，而日军投降当日，也注意保存了全部囚徒档案，移交给盟国，生怕落个交代不明，上战犯法庭。

囚禁本身，也是一种"文化交流"形式，这些回忆录，笔者以前注意过，囚禁肯定有文化意义，方式很不文明而已。

有几本当年成人囚犯写的回忆录，不是很惊险。例如后来留在中国一辈子的爱泼斯坦（Isreal Epstein），他的回忆录 *China Is My Home*，写到一九四一年他被关进日军的香港集中营，在那里爱上了他未来的夫人 Elsie Fairfax-Cholmeley，并且一同逃出集中营。此种故事，应当比冒险小说还精彩，却平淡如水。关进香港 Shamshuipo 集中营的 Tim Carew，一九七一年出版的回忆录 *Hostage to the Fortune*，更波澜不惊。

而经历最精彩事情的人，往往觉得不值得写。各地集中营都有逃跑，有的是集团逃逸，并且在中国人帮助下，几个月长途跋涉到达云贵川后方。很奇怪，这些故事经历者，没有写成几本耐读的书。

恒安石（Arthur W. Hummel Jr），美国外交官，基辛格到中国谈判的助手，一九八一至一九八五年任驻中国大使。此人被囚于潍坊集中营时，是个小青年。无法忍受失去的自由，逃出集中营，参加了山东游击队，重庆报纸还发表了他们到达大后方的假消息，以避免日军为此去围剿山东游击队。日军投降之日，他带了一支衣衫破烂的军队，大模大样去"解放"潍坊集中营，日军拒绝交接给非正规部队，双方差一点开火。此事我听好几个人说过，我一直等着恒安石发表回忆录。二〇〇一年初他去世，我只能等遗稿发表。但是没有，没有任何文字留下。可见经历交流与文化交流，是两码事。

二〇〇四年倒是有一本角度新奇的好书，弗兰西斯·奥斯本（Frances Osborne）的《丽拉的盛宴：一个女子关于美食，爱情，远东战争的真实故事》（*Lilla's Feast: One Woman's True Story of Food, Love and War in the Orient*）。这是一本"家史"，其中最精彩的是写她的曾外婆丽拉的菜谱：在潍坊集中营里，天天吃腐菜，最好的是驴肉，只能神侃神吃，并且在碎纸上涂下竭尽奢华之能事的菜谱。日军集中营，应当说不是第二次世界大战吃得最差的地方：有的囚犯说是可以"偷偷"在床底下养猪，集中营里允许开"贸易市场",出售偷来的附近农田青菜,可惜只有拥有珠宝者可以购买。所以这份菜谱,集异想天开之大成。抄在此处倒是无用,好多发明的美食妙名无法翻译。

现在一提日军集中营,一般人想到的马上是巴拉德(*J.G. Ballard*)的自传小说《太阳帝国》(*Empire of Sun*,上海人民出版社,二〇〇七年)。此书写得如此出色,"连斯皮尔伯格也能拍出一个好电影"。

巴拉德是笔名,在小说中却恢复了他的本名Jimmy Graham,这倒是文学史上少见的事。小说讲的是男童杰米在上海郊外龙华集中营的四年经历。本文读者中,恐怕大半看过电影,所以我再次就不复述情节了。龙华集中营原是上海一所大学,附近河沟交叉,周围水田在二战时已成沼泽弃地。这个环境对少年的刺激,想必终身难忘。

小说结尾,吉米搭船回英国,在船上才开始成熟,反思自己在中国的经历。他认为二十世纪的主题是杀死无辜者。中国在二战中的重大牺牲,使中国总有一天会"为她的苦难向全世界报复"。如果这不是巴拉德的后瞻便宜,应当说是对中国心理相当贴切的认识。

小说出版于一九八四年,著名剧作家斯脱巴德(Tom Stoppard)立即把它改成电影剧本,剧本传到斯皮尔伯格手中。本来他就喜欢拍儿童看世界,这本小说用少年成长来穿透二次大战这个复杂题目,他立即很着迷。一九八六年筹办，一九八七年在中国开拍，中方提供了一万名群众演员。电影基本拍完后，斯皮尔博格才在英国拜会了巴拉德，这位作家给导演的印象如此之深，斯皮尔博格决定重拍一个开头，让巴拉德自己来讲自己的故事。此方案在最后剪定时才放弃。

这本如此明确的自传小说，却没有多少真正自传因素。书中的弃儿杰米，在狱中黑帮头子的教养训斥中长大，他的成人礼就是人类在暴力中的成长。

实际上巴拉德与父母一道被关进龙华集中营。日本人毕竟想到被抓的是西人，标准不一样：囚犯可以组织自炊厨房、医务处、图书室、教会，甚至运动会，这些活动都是自行选举的各种委员会组织的，弄得集中营像个"官僚机构"。一个"抛出社群"是如何管理的，能揭示很多问题。这个对比较文化学有趣的题目，对小说就很没劲了。

莱克的历史资料大全《帝国的囚徒》，一口不提《太阳帝国》。此书详尽的参考书文献，没有列出巴拉德的任何作品，或访谈书评。反过来，莱克书中费不少笔墨描写的事件，例如龙华集中营"暴动"——在一次集团逃亡成功后，日军搜捕协助逃跑的"共谋犯"，引发集中营狱友与日军宪兵棍棒对抗，组织起来与日军相持数日，最后日军出动装甲车才把人抓走。——这事件，在《太阳帝国》描写的龙华集中营，完全没有痕迹。巴拉德作为一个英国作家，热衷于塑造一个新的雾都孤儿；作为一个热衷科幻的作家，想写出劫后废墟似的上海；作为一个严肃作家，他有志于写出人成长的过程：集中营成为一个黑帮头子控制，训练孩子生存斗争的人类孤岛，才适合虚构想象。

《太阳帝国》、《丽拉的盛宴》，旁边放着莱克的档案集锦名单大全，爱波斯坦的平淡叙述，以及恒安石的一言不发：我们如何寻找历史？

王尔德名言"生活模仿艺术"，本文似乎在说"历史模仿艺术"。的确，历史如果不能讲成精彩的叙述，它就会消失。问题是，小说精彩却不精确，回忆录精确却不精彩。这就让我们不得不苦恼：到哪里去寻找历史——如果真有历史的话？

大胆出诗人

一九八一年底,整整三十年前,我到了终年阳光的伯克利加州大学,大学里有品斯基等著名的批评家教授,对岸的旧金山劳伦斯·菲林杰迪还在开他的"城市之光"书店,湾区不断有诗人啸聚:先后见到罗伯特·布莱、加里·斯奈德、加尔威·金耐尔等等,还有好些已经从我的脑漏勺中消失的名字。我被人介绍为"有意翻译美国诗的中国人",端着啤酒的话题自然成为"你在翻译谁?"为了避免出现译谁不译谁的难堪,我说"只翻译已经去世的"。那一年,"诗人政客"、参与创办联合国教科文组织并任第一任主席的阿奇博得·麦克利许(Archibald Macleish)去世,一个方便的悲剧让我可以谎称"只翻译十九世纪出生的诗人"。

这一招很灵,没有人再虎视眈眈,争吵马上集中到在这些人中该译谁不该译谁。我说在翻译庞德,各个都来问我看中《诗章》那一部分,庞德的中国字诗学有没有道理,然后诗人们必定为庞德吵起来；我说在翻译桑德堡，个个都斜了眼说算了吧，让我觉得"人民性"在美国诗人中真是无用；当我说在翻译肯明斯时，个个朝我瞪起了眼睛：肯明斯能翻译吗？到中文里？

我不敢高声，因为我不知道是否能做得成功。我说：试试吧。还可以。或许行。最后我大声说：就是可以！等着下面的挑战："你翻译这段！""中文？""当然是中文！""这句如何？"他们都能背出这些奇怪的英文，朗朗上口，几乎如儿歌。我也能背得出这些动了不少脑子的"翻译"。

> anyone lived in a pretty how town
> 任何人住在美多一个小城
>
> he sang his didn't he danced his did
> 他唱他的不唱他跳他的舞跳
>
> all by all and deep by deep
> 所有加上所有深沉加上深沉
>
> and more by more they dream their sleep
> 更多加上更多他们梦到睡着

那时美国诗人们没有一个人懂中文，斯奈德五十年代在大学里是读中国文学的，他的中文水平能翻译寒山，却听不懂我的翻译。所以听了我音节奇怪的胡诌，没有人说东道西的，所以都相信中文的确能翻译肯明斯的文字游戏。连我自己也相信了，所以我在《美国现代诗选》中一口气译了十三首肯明斯。那本《诗选》选了六十多个诗人，可以说是到当时为止英语之外最厚实的一本美国现代诗选，但篇幅依然有限，选译十首以上的都是"大师"。

但是美国人必不可少的下一个问题是："中国诗人有这样写诗的吗？"

我只能说"暂时没有，以后会有"。

这让诗人们很高兴，他们拍拍我的肩膀：伙计，好好干。我们等着。

今天我写这几句话，心里却有点伤心：至今还没有中国诗人有胆量写如此"不上规矩"的诗。

不管诗歌作为一个艺术形式，已经被读者冷落到何种地步，依然有无数诗人在写诗，不屈不挠、前赴后继地，让我在人类文化的惨淡前景上看到一丝希望。

但是也有不少人问我：如何才能写得伟大，写得深沉，写出生存的无望，写出宇宙的洪荒。我总想让他们看看肯明斯，看看在人人写得规矩时，这位诗人如何在印式、标点、大小写、句法、词法等等，在所有的所谓规矩上耍泼：肯明斯像个顽童一样破坏一切能破坏的形式，其结果是造就了诗的形式。

为什么？因为艺术就是挑战规范，就是在形式中突破形式：如果有人一定要给艺术下个定义，就给了艺术家一个机会：打烂这个定义，这打烂本身就是一种艺术。如果有人一定要给诗歌下几个定义，做一套规范，列一串方法，就给了诗人一个机会：冲破这些定义、规范、方法，你就写出了一批好诗。

因此，做诗人，做艺术家，第一个条件就是胆量，打碎规矩，挑战规范的胆量：没有这样一种破坏程式的冲动，就当不了艺术家，当不了诗人。看一看肯明斯，难道不是如此吗？肯明斯的思想并不深刻，从来没有哲学家沉重的脑袋，也没有知识分子深刻的皱纹，他的诗内容上其实相当"浪漫"，老派的"前现代"的浪漫：他乐此不疲歌咏的题材是爱情、春天、温情，从来没有灰色的晦涩。他的抒情气质、乐观精神，在现代诗人中相当少有。一九二六年他的父亲遇车祸惨死，母亲重伤、头颅碎裂，他的家庭应当够悲剧的。但是本书中肯明斯说到了他的母亲那种临危不苟的乐观态度，令人动容，我想她的儿子承继了她的血脉。

肯明斯到欧洲参加第一次世界大战，被法国人当做奸细被关押三个月，然后在巴黎格特鲁德·斯特恩的圈子里，听埃兹拉·庞德等狂人教父的狂语，与法国达达主义、超现实主义比洒脱劲儿。这就应当造就另一个海明威，另一个菲兹杰拉德，另一个多斯·帕索斯（此人与他一道去欧洲当"救护车司机"）。一九二二年肯明斯描写一战中法军拘留所荒谬情景的长篇小说《大房间》，是"迷路的一代"最出色的代表作之一,肯明斯应当出现在伍迪·艾伦《午夜巴黎》里面。但是本性难改,肯明斯就是不迷路,这也是一个奇迹。

应当说,就思想"气质"而言这个人太乐观(因此也就太肤浅),不能列于现代诗歌艺术大师之列,但是任何一本现代诗歌史不能不提肯明斯,因为他把所有可能推翻的文字形式,都戏弄到无以复加的地步。肯明斯在美国诗坛的地位非常高,把所有的美国诗歌大奖拿了一遍,包括一九五七年的国家图书奖、一九五八年的波林根奖。肯明斯在今天他的地位依然极高:译林出版社出版他的这个系列演讲(《六次非演讲》,二〇一二年),就是明证。哈佛大学一九五二年赠予他"荣誉客座教授"(Honorary Seat of Guest Professor)的称号,并请他做了这个系列讲座,他做的却是"非讲座",他不能忍受自己规规矩矩谈诗,因为他的诗学是不规矩诗学。典型的名士风度,名人气场,他讲了自己一生中奇奇怪怪的轶事。

在英语中,从此以后很少再有人把文字乱玩到他这种地步,因为已经无法超越肯明斯。但是中文呢?华语诗人中还没有出过一个肯明斯,而上面的翻译例子,证明中文的构造不见得如我们想象的那么结实,完全可以写出肯明斯的顽皮劲儿。那么为什么至今没有中国的肯明斯呢?不管你是否欣赏肯明斯,无可怀疑他一针见血地击中了"诗的本质":是就是创造新的语言方式,其他的,兴观群怨之类,不一定非诗不可。

也许我们的肯明斯更有哲理气质,更有时代的焦虑、人性的苦恼,那就更好:我们会有一个比肯明斯更伟大的诗人。这是个挑战,这也是个机会。但是首先的一个问题:我们的诗人中,谁会有肯明斯的胆量?我们的肯明斯在哪里?

让我伪造一句"肯明斯式"格言:不坏规矩无以破方圆。

当个知识分子应当害臊

约翰·凯里的《知识分子与大众：文学知识界的傲慢与偏见》（译林出版社，二〇〇八年）是一本出乎意料的书，又是一本完全在意料中的书：知识分子与大众有某种程度的对立情绪，这已经是老题目。在今日这个"政治正确"时代，提到这种事，谁对谁错已经早就前定，似乎不值得为此写一本书。

这本书揭露了一个令人惊奇的事实：十九、二十世纪之交，那么多现代文化的领军人物，竟然不知道他们写下许多话，从头到尾都是错，没有任何自辩余地。被这位凯里教授一条条晒出来，知识分子全成为"反大众"的反动派。

这本书收集的"反大众言论"，来自各种政治倾向思想倾向的人物。其中有些人一直被认为是"右翼"：艾略特、庞德、叶芝、温德姆·路易斯，文学史家早就分析过他们的"反动"倾向；但是利维斯、吉辛、劳伦斯、伍尔夫、哈代,都是知识界的"左翼人士"。还有一些现代思想的大师级人物:弗洛伊德一直被认为是现代"解放思想"的源头;尼采过去常常被认为是法西斯思想的肇端,现在却是批判思想之父;萧伯纳和威尔斯则是上世纪初著名的社会主义者,他们对中国的友好态度更是为国人所称道。看来,不管什么倾向的知识分子,几乎没有人能逃脱"蔑视大众"这个指责。

凯里甚至指责乔伊斯瞧不起他的《尤利西斯》主人公布鲁姆,原因还不是书中如何描写布鲁姆,而是"布鲁姆本人永远也不会,也不可能读《尤利西斯》或类似的书,这部小说的复杂性,他的先锋手法以及他的晦涩,都使布鲁姆之流被严厉地逐出其读者群之外"。如此一说,不仅这些现代文学的大师们"对人民的态度"出了问题,他们的创作问题更大。他们完全没有必要在历史上存在:或者说,整个现代文化是有意不让人民读懂的货色。说实话,我还从来没有读到过对现代知识界如此扫荡一空的批判,除了在中国的"文化大革命"之中。

凯里全书举出唯一的作为以上人对比的"好知识分子",是畅销小说家阿诺德·贝内特,因为"他把填补上层社会与下层民众之间的沟壑作为目标"。伍尔夫曾经与贝内特产生过一些小说手法上的争论,伍尔夫为此写了一篇《贝内特先生和布朗夫人》,批评贝内特的"描写过于琐碎"。此篇名文现在被当做文学争论阅读,但是凯里教授认为这有关对人民的态度问题，认为贝内特"惊人地展示了越普通的人，越不平凡，越有价值"，因此伍尔夫指责不当。如此的上纲上线，我们见得多了。如果贝内特堪称"人民作家"，怎么今天人民不读贝内特的作品？人民是否需要凯里式的翻案？这有点像鸳鸯蝴蝶派的成功翻身，好像今天也没有多少读者喜欢读鸳鸯蝴蝶派的书。

凯里愤怒地列举了当时"知识分子们"（艾略特、叶芝、赫胥黎、庞德、毛姆、罗素等）如何瞧不起店员出身，行为语言粗俗，靠写作暴富买了两艘游艇的贝内特，似乎"知识分子们"是一个排外俱乐部，经过讨论决议集体歧视此人。贝内特承认他为了赚稿费，可以"三个小时内快速轻松地写完五篇小说评论"，因为他"不会去逐字逐句地看那些小说"。如果我用这种方法来写这段评论贝内特的评论，贝内特先生会感到如何？如果我看到那个时候的贝内特，我一样会很不舒服：对写得不好却到处夸富的作家，其他作家有感到不舒服的权利。这与他是否店员出身没有关系：艾略特与萧伯纳都是小职员出身。

二十世纪初知识分子言论如此不堪，二十世纪后半期以来的知识分子又如何？今天的知识分子恐怕聪明多了，不会把这种话写在任何地方，哪怕日记里也不会写。他们至少逃脱了凯里的指责，但是他们并不是无可指责。这就牵涉到所有人的心理：瞧不起别人，是不对的，不礼貌的，政治上不正确的。正如每个人都有特别尊敬的人，每个人也必然有瞧不起的人，只不过是不便随时都说出口而已。凯里说的不是个人，而是知识分子作为一个社会集团的心理。那么请问，在受教育机会渐渐平等的今天，如果知识分子对自己的知识不引以为傲，何必做知识分子？知识分子安身立命之处何在？"瞧不起"与"瞧得起"，是每个人树立自尊心的前提。而说不说出来，行为上是否有礼貌，是人际交往的原则，这是不同的事。

不说不等于心里没有想法：我们每个人对另一个人都心里有个评价。如果知识分子以知识作为评价标准，正像运动员以体育成绩作为评价标准，无可厚非，必须允许多元标准。我当然明白凯里的意思：知识分子作为一个集团，应当对缺少知识的人更为尊敬。这话应当说是有道理，尤其在上世纪初教育机会不平均的年代。因此知识分子领袖萧伯纳与威尔斯投身于社会主义事业，这就做得很不错：把个人的想法与政治观点分开。

当时的知识分子并没有如凯里描写的那样，成天要做的事，只是"俯视着自己的对立面，觉得大众天生低劣，而把自己拔高为天生的贵族和永恒价值的传导者"。

当代知识分子更聪明地学会了"后现代主义"态度，对大众文化不仅尊敬，而且加入其中，玩填平雅俗鸿沟的游戏。但是雅俗一拉平，数量优势就超过了质量考虑，大家都只能按俗文化的游戏规则从事文化，雅也就无从存在。知识分子的自我边缘化，已经是当代社会文化的一个重要品质：这就是凯里写此书的知识形态背景。

凯里要推进的，实际上是所谓"文化民粹主义"（cultural populism）。博迪厄曾经一针见血地指出："'人民'或'大众'（'大众艺术''大众信仰''大众医疗'等）首先是知识分子们热衷于争论的问题之一"。对大众文化的推崇，是近年来一种知识分子的思想潮流，正如这本指责过去知识分子对大众态度的书，是牛津大学教授写成的。

然而，俗文化真是符合大众利益的文化吗？对大众文化的评价做出重要贡献的斯图亚特·霍尔（他本人是牙买加黑人移民），就敏锐地指出："通俗文化是强权者支持或反对某种文化的斗争场所之一……在一定程度上，这是霸权产生之处，也是霸权受到维护的地方"。文化本身是一种政治，文化政治也服从政治的规律。鼓吹"人民文化"的人，想到的是收视率、点击率、票房、钱包（即广告的"注意值"和"记忆值"）。就是这个潮流催生了凯里这样的书：罗列知识分子，哪怕是两代前的知识分子"错误言论"，把他们描写成小丑。

这是一幅歪曲的图景，无助于我们理解我们的前辈，甚至无助于我们了解他们的缺点，唯一能起的作用是让我们觉得：当前的全世界俗文化泛滥状态，不仅是正常的，而且是好得很。大众——全世界大众——应当对此感到幸福，而知识分子应当为瞧不上这类俗文化而感到害臊。为此，我应当说凯里这本书，貌似激烈批判，实为保守主义。

伊恩·麦克尤恩：大学才子今何在

上世纪八十年代初，美国大学的创作班开始遍地开花，什么大学都能开一个，请来的老师多半是稿费不够需要教课补贴的作家诗人。那时候就引发辩论，有人问大学开这种系科，除了给一些名声可疑的作家诗人们饭碗，给当作家梦的学生一点似有似无的希望，以及最后更加残酷的失望，其他还有什么用？辩护者理由各种各样，很少有人用案例来辩护，因为成功案例难找。

当时就听到的一个名字，据说是铁案：英国东英格兰大学"写作班"出了一个才子伊恩·麦克尤恩，以创作班上的作业合成一本书，得到毛姆奖，此后佳作连连，前途无量云云。但是这个创作班不同一般，一九七〇年由名作家威尔逊和布拉德布利创办，当时是英国唯一此类创作班。教师中有多丽丝·莱辛、哈罗德·品特、爱丽丝·默多克、安杰拉·卡特这样的英语世界著名作家。当时美国大学的创作班，老师们的名声与他们没法比，所以反驳的理由也现成：那个创作班依然是精英主义的。精英教师教精英学生，出一两个特别人物，不能说明创作班是否应当成为常设系科。

正方反方没有能把这个问题辩出一个结论，麦克尤恩的名字引起了大家的注意。我好奇地找来读了他的这本小薄书，不由得两眼圆瞪：如此粗野直露！如此肆无忌惮！这一切又裹着如此精妙的语言中！我叹口气，心想这样的才气加胆气，不成功也难，但是这样一本书，恐怕永远不可能翻译成中文出版。

整整三十五年后，这本书真的在中国出版了：南京大学出版社上个月出版了伊恩·麦克尤恩薄薄的短篇小说集《最初的爱情，最后的仪式》，让我写一篇书评，我欣然同意：我心里一直装着这本书，把它当作写作和出版的尺度。这个尺度现在已经不准：麦克尤恩不出所料已经成为英国第一号作家，远远超出挤满这个小说之国的其他名家。他的每一本小说都得奖，他被提名布克奖五次，虽然只得过一次，原因却是同行们"第一是嫉妒，第二还是嫉妒"。二〇〇七年的电影《赎罪》在全世界得了十五个奖，奥斯卡七项提名，这一年俨然成为"麦克尤恩年"。一个作家已经触电，而且是高压，就是电压作家。于是这本压了多年的中文译稿，现在终于出版。

应当说，当初的辩论，以麦克尤恩为例，不足为训：英国文学史上早在十六世纪，就有"大学才子"，这是一批常在牛津剑桥活跃的剧作家的诨名。此后英国一直有以智慧迷倒读者的作家，而且他们似乎都有麦克尤恩那样狡黠的笑容：王尔德那时拍照机会不多，我们没有看到他的幽默显现在银版底片上；萧伯纳的胡子太大，看不到表情；但是索默赛特·毛姆、伊夫林·沃、格雷姆·格林、安东尼·伯吉斯、马丁·埃米斯，都有这样狡黠的笑容。

这些作家是英国特产：比起这些天才精灵，比起他们的优雅从容、收放自如的文笔，比起他们举重若轻的低调叙述，大部分美国作家野心过于外露，大部分法国作家潇洒过于外露，大部分德国作家哲理过于外露，大部分中国作家，恐怕是心思过于外露。

我应当承认这种典型的英国灵气，很难被认为是大家之风，因此在欧洲文化大国中，英国作家得诺贝尔奖最少。麦克尤恩只写了两本短篇，其余都是短长篇，或者说长中篇，但他是个天生的短篇小说作家，他的其他作品不过是写长了的短篇：麦克尤恩的作品从来不会像拉美作家那样汪洋恣肆、目不暇接，也不会像俄国作家那样沉郁苍凉如草原大漠：他的情节从不复杂，总是细火慢燃地延伸，哪怕读者感觉到这样的叙述肯定有猫腻，小心翼翼提防落入陷阱，最后的突然爆炸依然让人措手不及。

据说麦克尤恩"诺奖亦已在望"，我个人觉得他的机会并不比别人多，也就是说同样少。这没有关系，麦克尤恩照样是个迷人的作家。五十年代格林多年得不到诺贝尔奖，据说原因就是"太成功",实际原因是太聪明,"理想主义"的艺术家不是麦克尤恩这样的大学才子。半个世纪后的现在,诺贝尔奖更加专司雪中送炭,拒绝锦上添花。想读聪明的小说,就不能靠瑞典皇家学院指路。

而创作班问题已经靠实践解决,创作班已经全球开花,有人交学费就会有作家来上课。美国有七十多个大学给创作硕士博士学位,爱丁堡大学已经开设"特别体裁写作硕士",就是专写言情侦探小说等"特类小说"。中国大学大多数谦虚地自称"写作专业",还没有大学开武侠写作班。

不过创作班尽管开,大学才子依然难得:至今东英格兰大学的写作班,对外宣传的成功毕业生,第一号依然是麦克尤恩,第二名是日裔英语作家石黑一雄(Kazuo Ishiguru),第三名是马来西亚华裔英语作家欧大旭(Tash Aw)。这批英式大学才子,的确不能用来证明大学创作班是成功之举。艺术作为艺术,依然是无法讲课传授的:才子出自大学,只不过是大学需要才子。

对于麦克尤恩,这个译本来得太晚;对于中国读者,这个译本可能依然太早:我相信依然会有许多读者与我当年的反应一样,惊恐得不知所措,又赞赏地回味无穷。

鸡汤谁先喝

杰克·坎菲尔先生,上世纪六十年代在哈佛上大学,学的是当时嬉皮士们最喜欢的课程之一:中国历史。嬉皮士唾弃成功,这个学位确实没有用处。坎菲尔多年在中学里当孩子王,眼看大半辈子马马虎虎地过去。到八十年代后期,他欠债十四万美元,每顿靠面条过日子。四十五岁生日时,他用一张大纸,画了张一万美元大钞票,挂在墙上,盯着看。

紧盯目标,果然有用:他后来每次演说,说到这里,自己感动万分。"上帝伸出手来,拍了一下我的肩膀"。这种事,西方人叫做"灵感",中国人叫做"福至心灵"。总之,从那天开始,他决定开始做个励志书作家。书写好了,大约一百个小故事,都是让人激发志气,有所作为,天天向上的。想到奶奶熬鸡汤给他治百病,于是书名取为《心灵鸡汤》。

励志在西方历史久远,坎菲尔认为他祖述柏拉图,但是他有所发明创新:他说的都是小故事,而且全是真实的。

写书只是第一步，书必须出版发行。他只能一家家出版社投稿。投到第一百四十三家，他认为已经够坚韧不拔，认输也对得起上帝了。但是无妨再试一家正要破产的出版社。结果《心灵鸡汤》第一年就狂销八百万册。从此后，全世界最伟大的励志书系列作者，写了八十本《心灵鸡汤》，至今卖出八千五百万册，平均每本一百多万册，本本畅销！

鸡汤如何能有八十种之多？坎菲尔写了几本《鸡汤系列》，马上就明白，人各有一本难念的经，鸡汤料子配方必须不同。于是《给豆蔻年华的心灵鸡汤》，《给为人父母的心灵鸡汤》，《给爱宠物者的心灵鸡汤》，《给高尔夫球玩家的心灵鸡汤》，阿富汗战事来了，有《给入军远征者的心灵鸡汤》，伊拉克战事重起，有《给军人妻子的心灵鸡汤》。

二十五年了，每年三本《鸡汤》，他哪来这个本事找出那么多激发心灵力量的真实感人故事？原来他想了一个好办法：他请"广大群众"来稿，他自己雇了十几个编辑，分类整理。而且，每个说故事的人，都签字保证真实性，这样谁也无法说他编造。

好多故事真是感人至深，催人泪下。例如一个独腿人坚持训练，夺得网球赛冠军；一个八十四岁老太太跑完马拉松；一个残废的孩子，收养一条只有三条腿的狗，因为"我们能互相理解"；一个九十四岁老太太去世，曾孙女在哭，老太太突然活过来，说"好消息，我在天堂里不用轮椅"。

如此催泪励志，大受美国读者欢迎。曾经有七本《鸡汤》并列《纽约时报》畅销书榜的奇迹，上了《吉尼斯世界纪录》。

《鸡汤》系列已经走入轨道，坎菲尔的主业变成演讲。他每年在加州圣塔巴巴拉开办"讲席班"，参加的都是励志专家。这种课程，在西方称为"大师班"（Master Class），意思是职业人士来听本行业大师讲课。请他演讲的，有索尼公司，维京公司，全美牙医学会，全美心理学会，都是头等聪明人团体。

坎菲尔与心理医生不同，心理医生并不认为自己需要指导；与牧师也不同，牧师不敢说自己已得上帝恩宠。坎菲尔要让人人明白：他的成功，就是喝自己熬的鸡汤喝出来的，确实有效。

可能因为太适用于美国老百姓的简单思维方式，《鸡汤》系列在中国有简体繁体译本，却始终没有流行，甚至在励志书横扫中国的年头，比不上刘墉，比不上《奶酪》，也比不上《哈佛女孩》。

坎菲尔所有的传记资料，都只说他哈佛毕业，没有说他拿的是什么学位，看来坎菲尔不愿意承认自己也有喝糊涂汤的岁月。如果坎菲尔愿意听我一句，我就想请他百忙中抽出工夫，复习一下在哈佛念的中国文化，好好理解《孙子兵法》培养的成熟的中国灵魂，然后写一本《专给中国人熬的心灵鸡汤》。迄今为止，他的小儿科美国汤料，配料水平太低，只能给看西部牛仔片长大的洋人鼓劲儿。

布斯的修辞社会

韦恩·布斯二〇〇五年去世,享年八十五岁。消息传来时学界颇感突然,虽然布斯高龄,但是他一直活跃:八十四岁时还在芝加哥大学给本科生开课,还在叙述学界发表论文《隐含作者的复活:为何要操心》,像个青年学者一样激动地辩论。连我们面前的这本书《布斯选布斯》(*The Essential Wayne Booth by Wayne Booth*),也是布斯自己所编,甚至给每篇文章加了回顾性的"编者按"。这样一位学者,还没有准备离开我们,的确也没有离开我们。不是说我们记着他,而是他记着我们:他给学术界留下的,不是定论,不是已经让人无话可说的"真理",而是至今让人论辩不休的课题。

布斯留给我们的最重要学术遗产,是"隐含作者"和"叙述可靠性"这两个概念。围绕这两个问题,至今已经有汗牛充栋的文献,中国的叙述学者和学生,也感到这两个命题的吸引力和开放性,每年也有不少论文加入这场几乎半个世纪的论争。这两个概念是对小说本质的理解，卷入价值、身份、主体性等一系列复杂问题。我本人甚至认为：远远不限于小说，任何表意，都无法躲避隐含作者这个问题，一个点头，一首歌，一栋大楼，一届奥运会，都会有这个问题。如果布斯愿意听听，我现在就想与他说说。

这本书的选目既然是布斯本人参与选定，他的取舍，就值得我们深思了。布斯明显地把选文集中在修辞问题上：十七篇选文有八篇标题中就列出"修辞"二字，其余也都与修辞有关，可能是因为这是布斯的思想中最不太为人理解的部分。布斯一生写了四本直接讨论修辞的书：一九六一年的成名作《小说修辞》，一九七四年的《反讽修辞》，同一年出版的《现代教条与同意修辞》，二〇〇四年的《修辞的修辞：有效沟通之探索》。而从这本书的选文来看，他围绕这个课题还发表了许多单篇论文和演讲：他把推进修辞学作为终身事业。

但是布斯心目中的修辞学，与我们知道的修辞很不相同。一般理解的修辞学，是"加强言辞或文句说服能力或艺术效果的手法"，无论在东方或是西方，修辞学都是最古老的学问，欧洲古典时期，中世纪，都有不少学者倾全力于此，以至于现代有些学者认为这门学科已经说尽了。布斯不无讽刺地写道：他的书《小说修辞》刚出版时，朋友觉得书的"修辞"一词太枯燥乏味，"销路肯定不会好"，这句话成了笑谈。

在现代，修辞学很明确地属于语言学范围，由于其实用性，一直在大学语言学教学中占有一席地位，但是正如布斯指出：修辞艺术一直繁荣，修辞学却停滞不前。布斯不是语言学家，他要让修辞学复兴，是因为在他心目中修辞学是另一回事。他一再强调：修辞学不再是传授从别处得来的知识，不是"劝使"人们相信在别处发现的真理，修辞本身就是思考的一种形式。他的意思是：修辞不是说话的修饰，而是思想的根本形式：人用不着对自己修饰语句，但是人必须理解自己，因此，修辞是自我的存在方式。

在这个基础上进一步，布斯再三强调修辞是人与人的"沟通方式"，因此直接影响到人际关系的道德。那是在一九六八年，欧美校园抗议运动风起云涌，芝加哥大学校园被学生占领达两周之久，教学大楼被涂上大字"心灵生活滚他妈的！"（Fuck the Life of Mind）。布斯在芝加哥大学担任"本科部院长"，面对慷慨激昂的学生，面对恼羞成怒的校方，他认为这是典型的"沟通失败"。他认为，一个大学既要有道德理性，也要有对任何确定性的怀疑。因此，修辞实际上应当指导社会行为。我认为，沟通就是《易传》中说的"修辞立于诚"的真正命意所在。

如何取得这样的一种沟通呢？这就触及了布斯修辞学的一个中心问题——反讽。他在《小说修辞》中就提出不可靠叙述的极品是"反讽叙述"。在本书的《反讽帝国》一文中，他又提出反讽具有"凝聚力"，因为在反讽中，"我们比任何时候都更加接近两个心灵的认同"。

反讽是思想成熟的标志,林达·赫琴(Linda Hutchen)明确宣称:"在后现代主义这里,反讽处于支配地位。"德曼(Paul de Man)认为反讽能解构"文本品格",因此是解构主义的必要成分。美国新实用主义哲学家罗蒂(Richard Rorty)提出"反讽主义"(ironism)以反对传统的形而上学。"反讽主义"承认欲望和信仰不可能超越时代,是被历史捆束住的:罗蒂怀疑语言能否穿透表象看到本质,一个社会关于"人性"、"正义"等抽象的理想,看法无法统一,只能协调处置,而矛盾的协调本身即是反讽的题中应有之意:反讽才是现代社会最合适的文化状态,但是他认为,这样的"反讽和谐"只有在纳博科夫、普鲁斯特、亨利·詹姆斯的小说艺术中才能取得。也就是说,一个"反讽主义社会",只有靠表意方式的艺术化才能建立。

但是布斯比他们更进一步,他把反讽放到本体论的位置上,认为反讽是世界的本质:"反讽本身就在事物当中,而不只在我们的看法当中。"因此,反讽是世界运行的规律。从"大历史观"来理解反讽,声称"宇宙反讽"是"我最终的研究重点"。什么是宇宙反讽呢?就是影响到人类命运的大范围反讽。例如第一次世界大战时英美的动员宣传口号"这是一场结束所有战争的战争"(The War That Ends All Wars),结果这场战争迅速导致第二次世界大战,把二十世纪变成了"极端世纪"(Age of Extremes,历史学家霍布斯鲍姆语);例如工业化是为人类谋利,结果引发地球污染,臭氧层毁灭;例如抗生素提高了人类对抗病毒的能力,结果引发病毒变异,让人类年年惊恐。甚至,像布斯宣称他的宇宙反讽要讨论的恰恰就是"九一一"这样善恶过于分明、似乎没有反讽可言的事件,这样的巨型历史事件。

在布斯看来,反讽不仅是文本风格,不仅是文本间性,而且是主体间性。据登汉姆(Robert Denham)教授回忆,布斯有一次应邀演讲,上台声称自己是布斯的兄弟,布斯因病不能来,他来说一番不同意见,把学生和教师都听懵了,好一阵才回味过来:布斯在模仿苏格拉底玩反讽,是自己驳斥自己。布斯去世后出版的《我的许多自我》(*My Many Selves*)再次讨论了反讽作为复合自我的根本建构原则,我很想把布斯的这种追求称作"主体修辞学"(Subjective Rhetoric)——如果他允许的话。

布斯经常被认为是个道德主义者,但是我觉得,他的道德关怀有两点不同于一般道德主义:一是他关心的是道德对整个人类命运的影响,而不只是个人的行为准则;二是他处理的不只是道德的内容,而更关注道德的形式。这第二点可能不太好理解,实际上这是布斯的小说研究、修辞研究与社群关怀的结合部。布斯式的修辞学,是从形式分析到道德分析。

这样我们就回到了布斯的学术谱系:布斯进芝加哥大

学读书，并且开始任教的四十年代，正是以克兰（R.C. Crane）为首的芝加哥"新亚里斯多德学派"，与当时集中到耶鲁大学的新批评派激烈论战之时。两派的确有所不同：新批评坚持凝视文本，芝加哥学派更重视体裁、情节、人物这些作品与世界的关联因素。克兰对布斯的影响至深，布斯成为芝加哥学派的后起之秀，实际上也是这一派学术成就最杰出者，而《小说修辞》也的确体现了芝加哥学派的研究特色。

从今日回顾，论争各派的立场比他们自己觉得的相近得多：布斯一再表示肯尼斯·伯克是他的"反讽修辞"理论的先师，而伯克与新批评派关系很近；英国"细察"学派，也与布斯一样重视道德，与新批评立场对立中有接近。应当说，所有这些派别，包括布斯参与的芝加哥学派，汇合成英美形式论潮流。

从形式到内容讨论修辞，这样的研究就具有可操作性，可以在任何符号表意分析中使用，而不是为特定内容作一次性服务。这就是为什么在这个潮流学派更迭过于迅速的时代，布斯的学理始终保持活力。

而二十世纪四十年代的芝加哥大学英语系，当布斯还在那里时，一批从西南联大硝烟味的课堂上出来的中国学生，如穆旦、巫宁坤、郑敏等来到这个系里学习。这个故事原来就与中国相连。我曾经听巫宁坤教授谈到过，他在芝大的老师克兰曾经写过长篇论文反驳燕卜森，他回到北京后曾见到当时还在北大任教的燕卜森,试图给两人"沟通"。现在读到布斯的书,不管我们与他的文化立场和学术立场有多少差别,我们能看到和而不同的吸引力,这本身就是反讽修辞的沟通。

这个游戏的名字叫人生

艾布拉姆斯出生于一九一二年,今年是九十八岁的老人了。他很可能是文学理论界的第一寿星。当他庆祝百岁大寿时,我想这本书的中文版可以放在庆典室内,让老人看到中国学界的祝福。而我们,当我们翻译此书时,而你们,当你们阅读此书时,绝对不会想到这是一位百岁老人的著作:艾布拉姆斯的思想如此睿智,如此机巧,旁征博引时信手牵来,幽人一默时妙语锋利,对批评史的人物言论如数家珍,这样的批评家,永葆青春,"老"字落不到他头上。

艾布拉姆斯在中国很有名,在全世界都很有名,主要是他一九五三年那本书《镜与灯:浪漫主义文论及批评传统》。很少有一本理论著作隔了大半个世纪,依然被学界当作必读书:不是因为历史文献而必读,是因为解决问题而必读。学生喜欢其清晰,学者尊敬其深刻博学。此书中文已经有两个译本。

艾布拉姆斯还写了好几本名作，一九五七年的《文学与相信》（*Literature and Belief*），一九六〇年的《英国浪漫派诗人》（*English Romantic Poets*），一九七〇年的奇书《天堂之奶：德昆西、克拉伯、弗朗西斯·汤普森和柯勒律治作品中的鸦片幻觉》（*The Milk of Paradise: The Effect of Opium Vision on the Works of DeQuinsey, Crabbe, Francis Thompson, and Coleridge*），一九七一年的名作《自然的超自然主义：浪漫主义文学中的传统与革命》（*Natural Supernaturalism: Traditional and Revolution in Romantic Literature*），一九八四年的《应和之风：英国浪漫主义论文集》（*The Correspondent Breeze: Essays on English Romanticism*）。他长期在康奈尔大学任教，成为该校的英语文学终身教授。美国文学史界元老地位，他的文字被认为是"批评权威的标准"，使他一再被聘为重要教科书《文学术语》、《诺顿英国文学选》的编者与各版修订者。

从他的著作看来，他是一个浪漫主义的文学史专家。但他是正宗文学理论出身：一九三〇年进入哈佛大学，后得奖学金到英国剑桥师从I.A.瑞恰慈。瑞恰慈不仅是新批评的奠基人，一直到今天，符号学还在引用他关于意义的论辩。虽然新批评对英国浪漫主义态度最为严酷，他们欣赏的是玄学派，是古典主义，但是据李赋宁先生在《镜与灯》序言里说，是瑞恰慈引导这个纽约来的年轻人进入对浪漫主义的研究。这么看，艾布拉姆斯是带着理论进入文学史研究的。

当今每个批评家和文学史家,"心里都躲着一个理论家",每个人都有自己的一套理论,倒是理论家经常在实际批评操作中很笨拙。但是批评家一旦写理论,往往不够独到,不够深刻。艾布拉姆斯不同,他是理论出身,他的古典理论修养比大部分理论家都高出一筹。因此,当这位文学史家卷入"近年思潮"的论辩时,我们就不得不倾听。艾布拉姆斯与新批评派(The New Criticism)辩论,也算是与自己的老师辩论,与芝加哥学派辩论,是与韦恩·布斯等老朋友辩论。这可能是必须的,不然他就是个没有理论立场的人;艾布拉姆斯与他称为"新新批评"(Newer Criticism)的弗莱、惠尔赖特等人辩论,然后与他称作"新阅读"(Newreading)的解构主义学和读者反应批评辩论,与一时倾倒学界的"新历史主义"(New Historicism)辩论。这位理论界元老好辩?不是,他真切地对各种理论感兴趣,并且认为有必要弄清各派的来龙去脉,它们必然有真知灼见,它们或许有所忽略。

无独有偶,所有这些学派,几乎都有一个"新"字。学人有新一代,这是自然而然的事;学界每几年年就有新潮,这却是当代才有的事。艾布拉姆斯与新潮辩论,却是充分尊重对方,承认对方的独特贡献,详细引述对方的观点,因此它的论辩完全可以读作对一系列新思潮的讲解。但是他继之以对这些学派的批评,他的批评言必有据,而且他的看家本领，是引述欧美文化的源头人文经典，指出在文学理论史上，甚至在希腊罗马古典时期，某些范式已经确立。所谓新潮理论，的确有新意，但并不是横空出世，而是在旧有模式上翻新，在理论史的背景上前行。

从《以文行事：艾布拉姆斯精选集》（译林出版社，二〇一〇年）收集的论文来看，艾布拉姆斯有自己的理论体系，他没有给自己的体系一个响亮名称，但是我们可以称作"人文主义"（Humanism）。人文主义在西文中有两个意思，一是"人文精神"，以人为中心的思想：艾布拉姆斯不断地强调人文价值，强调文学艺术"属于人、为了人、关于人（by, for, and about human beings）"，而从新批评开始的西方各种新思潮，恰恰都以破除人性中心为己任，以文本语言为立论的出发点，人的主体性一直是各新潮学派想要拆解的对象。艾布拉姆斯雄辩地证明了不可能脱离"有关人的一切"讨论文学艺术，没有人就没有文学艺术可言。

"人文"（The Humanities）的另一个意思是"古希腊拉丁文化研究"，这也正好是艾布拉姆斯立论之基础，我们可以看到本书的开场篇《批评理论的类型与取向》，提出"后世诗歌研究方法惊人繁多，却不过是希腊、罗马原型基础上的展开"。这篇文章似乎与《镜与灯》的开场极端相似，却把扫描总结的幅度拉到后结构主义盛行的二十世纪八十年代，《镜与灯》只谈到批评理论界尚处于相对平静状态的四十年代，那时欧美文化的后现代转型还远远没有开始，连新批评都尚未得势。因此，读过《镜与灯》的读者，都无妨读一下这篇文字，哪怕只是欣赏一下艾布拉姆斯这位大批评家驾驭几千年材料的惊人能力。

在西方文论的历史上，有过一个"新人文主义"，那是二十世纪初哈佛大学比较文学教授白璧德（Irving Babbitt）提出的，他的理论出发点是反对以卢梭为代表的浪漫主义思潮，而艾布拉姆斯的人文主义，却是不断回顾浪漫主义对欧美文化史，以及对批评理论史的贡献。我们可以说白璧德的"新人文主义"是消极的、否定的，是对人性的极端不信任。而艾布拉姆斯的人文主义是积极的，是人性的高度发扬，是对人的生命存在的极度关怀。白璧德不遗余力地攻击浪漫主义的精神领袖卢梭；新批评认为雪莱是英国文学中最糟糕的诗人，艾略特指责雪莱开创了"感觉性解体"的恶习；德里达挑出卢梭作品中前后矛盾之处（卢梭"想说的"与"不想说却说出的"），以此说明卢梭落入西方"逻各斯中心主义"固有矛盾的陷阱。而艾布拉姆斯反驳德里达，说任何思想家的写作都有前后不一之处，卢梭的错误是人人容易犯的错误。

应当说，对浪漫主义文学艺术（尤其是诗歌）的评价是一回事，对浪漫主义开始的人性精神的思想史评价是另一回事。白璧德反对的恰恰就是思想史上的"普罗米修斯精神"，反对人在感情和价值上的主体立场，认为以人为中心必然导致多元论，而艾布拉姆斯在本书所有的篇章中再三强调的就是价值多元：任何一种偏执的立场，都忘了人的生活必然是多元的，多元论是解答所有令人困惑的问题之钥匙。

本书标题 *Doing Things with Texts*：*Essays in Criticism and Critical Theory*，稍微熟悉当代思想史的读者，都知道"Doing Things with Texts"是影射语言学家奥斯汀（John L. Austin）一九五五年在哈佛大学的系列演讲，在他去世后，一九六二年集成《如何以言行事》（*How to do Things with Words*）一书出版，该书成为言语行为理论（Speech Act Theory）的奠基之作。

这个学派实际上是从维特根斯坦《哲学研究》（*Philosophical Inieshingations*）一书中得到启发的。维特根斯坦主张"言也是行"（Words are also deeds），言语是一种行动，词语是行动的结果。奥斯汀的贡献是用具体的言语行为分析，来补充维特根斯坦过于松散难以分析的"语言游戏"（Sprachspiel）理论。从符号学的角度来说，"符号的使用，就是符号的意义所在"。

艾布拉姆斯欣赏言语行为理论，这个理论与他关于文学"卷入人的世界"立场相符。在德里达与奥斯汀的争论中，艾布拉姆斯站在奥斯汀一边。艾布拉姆斯也非常欣赏维特根斯坦的语言游戏论，他甚至在《艺术理论化有何用》的结尾说"这个游戏的名字就是人生"。

辑三　读中国书的诸般不是

"革命"与"色情":新"茅盾故事"

这段历史很多人写过,这段历史值得重新叙述:多少回忆录写作者,多少文学史家,每个人说出一个不同的故事——茅盾究竟是怎样开始写小说的。

读到陈建华的《革命与形式:茅盾早期小说的现代性展开:一九二七—一九三〇》(复旦大学出版社,二〇〇七年),我觉得这次"茅盾故事"变成了一个焕然一新的传奇,穿过形而下,到达形而上。原来对这段老故事,可以有这样一种有意思的说法。翻遍茅盾自己的回忆录,一点影子也找不出:真实的茅盾恰恰是茅盾本人说不出来的。最有意思的也就是最有可能的,最有可能的也就是最真实的,故事的目的就在于"说通"一个意思。陈建华并没有挖掘茅盾生平的秘密(虽然茅盾传记尚有不少疑点,陈建华只是说"占据想象空间的,包括几个令他难忘的女性"),而是给茅盾早期作品一个全新的解读。

一九二七年七月,著名的文学理论家兼革命家沈雁冰,从武汉奔向南昌,中国革命的崇高一战在等着他。九江到南昌的路已经被封锁,他只有上庐山,然后设法从过山到南昌。一些革命同志走这条路赶上了南昌起义,沈雁冰却停在牯岭。南昌起义队伍南下。沈雁冰悄然下山,潜回上海家中。他躲在家里写起了小说,稿子随写随着给好友叶圣陶主编的《小说月报》,取笔名为"矛盾",叶圣陶改为"茅盾"。一九二八年迅速写出总题为《蚀》的中篇三部曲《动摇》、《幻灭》、《追求》,一九二八年出版短篇小说集《野玫瑰》,一九三〇年旅居日本,写出他的第一部长篇《虹》,一时震动文坛:中国第一次出现一个广受欢迎的重量级长篇小说家。而茅盾这批小说是他一生最出色的作品:此后他的小说,哪怕是场面极其壮阔的《子夜》,是按照某种世界观"做"出来的。只有这批早期作品,没有什么主义"指导",滔滔不绝的从他的心中涌出来的,是茅盾真正想讲的故事。萨特认为人的生存就是在讲故事:"人的生活包围在他自己的故事和别人的故事中……他自己过日子像是在讲故事。"因此,在很多意义上,这是茅盾自己的故事:心灵是茅盾的,想象是茅盾的。

陈建华在解释的是:这批关于大革命时代的叙述,也是中国现代文学中最色情的一批作品。有人称之为"革命加恋爱",错了。在茅盾之前,鸳鸯蝴蝶派早就在做"革命加恋爱",张资平在写"革命加恋爱"。而茅盾不然,这批作品是"革命加色情",以至于解放后道德主宰的年代,一九五四年《蚀》重版，不得不大规模删节改写。看来革命胜利后，读者的道德神经脆弱多了。

"革命加色情"不需要辩护，没有革命，世界不会是现在这个样子，没有爱欲，"美学现代性"无从建立。革命是现代性诞生的阵痛，现在似乎革命时代渐渐过去了，我们不要忘了：整个现代世界是由革命推动形成的，跳过热血革命这一环而形成的现代国家，例如日本，例如德国，到最后还要以最暴力的方式"补课"。革命者就是把自己的生命升华成一个崇高的热血沸腾的故事，叙述欲望使我们热衷于听革命故事：没有革命的人生安乐而乏味，没有革命的故事鸡鸣狗盗无事生非。

人生故事，还有一种也是热血沸腾的，那就是色欲。每个人也在把自己的欲望想象成一个精彩故事，问题是我们自己的故事演出来总是不够精彩，只能听听别人的精彩故事。"革命加色情"，就是精彩加精彩。把它叫做"公式"是不通的：革命不按公式展开，色欲更是没有公式可循。革命至大为公，色欲极端私密，两者结合本就成为一个各方面都超越凡俗的人生故事。至今回顾，茅盾的"早期作品"迥出流辈，成为关于一九二七年革命最值得一读的小说，秘诀是公开的，但如此叙述是要有胆量的。

茅盾的早期小说抓紧一切机会展现女性肉体，而且为此发明了一套迥异于中国传统小说的"色情"语汇。陈建华这本书的第七章——"'乳房'的都市与革命乌托邦想象"

——在一个词上展开了近四十页的精彩讨论。"对'乳房'的描绘,就质量与频率而言,在新文学里冠绝一时"。如此精细的讨论,是中国现代文学研究中少见的语言分析。看来似乎小题大做,却是抓住了要害。

所谓"风格",相当重要的部分是同义词的选取。一词之别,会让整个文本添上完全不同的色彩。鸳鸯蝴蝶派以"高尚情操"为恋爱正宗,尽可能不描写女性肉体,万一不得不提到,则用"酥胸";旧式色情小说如《金瓶梅》,当代颓废小说如《废都》,用"奶子"。用这样的中国式词汇,不是指的同一个身体部位?不然?这是对同一个女性器官完全不同的能指方式。"乳房"一词,从日语转用,可以说是科学(解剖学)用语,小说文本用了此词,就带上一种奇异的"现代性"。

陈建华认为,这个魔词,应当比威廉斯《关键词》中那些抽象的关键词汇更为重要。鸳鸯蝴蝶派写出许多"革命加恋爱",却不会写出"革命加色情"。鸳蝴派的爱情要求"高尚,纯洁",因此女性身体是缺席的,"该派的不成文共识,即遵循'力避猥俗'……也跟他们的一夫一妻'小家庭'主张联系在一起"。恋爱为家庭,哪怕有男女之念,也是"食色性也"的色,女性是候选的贤妻良母,与革命就不可能形成叙述同构。

超越了生殖繁衍需要的色情,是人性的产物,这就是为什么它与现代性有很大关系:由于现代科学昌明,人类已经繁衍过多,靠提高生育率来取得生存竞争能力,这个理由已经不复存在。因此,现代人的色情,不仅是一种人生意义的构筑,甚至是一种历史性的标志。巴塔耶的名著《色情史》有一个几乎是怪异的结论:"我们在历史的边缘看到色情,但如果历史最终完结了,甚至即将完结了,色情就不再处于历史的边缘"。

现代性几乎是历史的终结,现代之后的后现代,只不过是现代性成功后的放松。而革命为赢得现代性,不奇怪,我们看到革命让色情往叙述的中心部位移动。这就是为什么茅盾不按某种公式,不为某种目的写小说时,会自然地写出"革命加色情":这两者本来就是同一个运动的两条腿。

而到了《子夜》,色情又落到中国传统伦理的框架之中:吴老太爷被"飞舞的乳房"压得窒息而死,女性身体回落到现代的罪恶面上。坏人才是色情载体:小说中的资产阶级放浪形骸,而正面人物(工人阶级,革命者)没有任何色情眼光,只有一个女共产党员忽然有了性要求,原因简单:此时她已经成了不革命的"托派反对派"。

陈建华的书,不仅对茅盾小说的解读,是突破性的,更是对于革命与身体的复杂关系,做出了令人耳目一新的结论。他说"茅盾早期小说中女性形象渗透着'革命'的隐喻",这是一个很了不起的见解:说开放式描写女性肉体的是革命的隐喻,这点容易理解;陈建华说的是:革命作为一个隐喻，渗透在女性形象的变化中，革命就是色情叙述本身。

因此，茅盾早期作品中的色情，就是革命的题中应有之义，换句话说：茅盾的早期作品这才是货真价实的革命文学。至今没有任何中国现代文学研究者，提出过哪怕类近的理解。

发现一位诗论家:邵洵美

这本诗论集,英文的,中文的,合起来是相当厚实的一本,讨论了中国诗外国诗白话诗传统诗的各种问题。但是按年代一排,可以发现邵洵美写这些诗论文字,前后只有五年时间:从一九三四年起断断续续发表这方面的文章,一九三八至一九三九年似乎是邵洵美诗论的爆发期,他在《中美日报》上连载了近一年的《金曜诗话》,然后就完全停笔,再也不谈诗。

邵洵美的其他文字、其他活动,延续岁月长得多:翻译,他做了一辈子,从一九二六年起,到一九六八年去世后依然有译稿等待出版;编刊物、开书店更是这位文坛活动家的本色行当,从一九二四年他十八岁时编辑《狮吼》到一九五〇年去北京试图扩展"时代书店"未成才告结束;他的小说和散文写作也从年轻时延续到四十年代。他也极多产,一年可以写十五万字,可以写八十二篇文字,延续多年。三十年代,他一直保持了大致一星期发表一文的写作热忱。这些并不奇怪：邵洵美是文坛全武行，十八般武器全使得。他鸣于世的是诗，是诗评，偏偏这两种活动延续时间最短，诗只写了八年，从一九二四年十九岁，到一九三三年二十七岁时他就放下诗笔；从一九三四年，他开始写诗论，直到一九三九年失去了发表的领地。作为诗人，作为诗论家，看来邵洵美珍惜羽毛，不得不写时才写。

而且，邵洵美写诗时不写诗论，写诗论时不写诗，其中的原因可能是个人性的。也许一九三一年底徐志摩的不幸去世，对他的打击非常大，让他停笔写诗。也许年近而立，让他心性成熟，能够静下心来细看细评。不管怎么说，把这两种活动在自己生命中隔开，给了他的诗论一种气魄：写诗论诗评，本来就需要一个必要的批评距离，不至于为自己的作品吆喝，也不在自己心仪的路上打锣。邵洵美讨论许多人的诗，对许多当事诗人赞美有加，却从来不谈自己的作品，一行都没有引过，一首也没有提过，连他自己也写诗这句话都没有说过，最多只提到他作为编辑处理来稿的经验。这是他的诗论至今耐读的先决条件。

邵洵美的诗论是"为时而作"，是他生命中某个阶段有感而发，更因为是中国诗歌已经发展到了某个阶段，迫使他有感而发言。到一九三四年，中国诗的发展的确到了一个关键点：早期反传统的战斗热情已经难以找到敌人，开拓新的语言方式的使命感结束了，各种"尝试"也到了检视成果的时候了。批评成了一个突出的薄弱环节。这一点邵洵美看得很清楚："现代中国文坛上，诗是被人用得最多的一种体裁……但是，我们都知道，小说与戏剧的进步却更其来的显明，缺乏批评不能不说是最大的原因。"

这个工作需要有人来做，邵洵美挺身而出来做这个工作，是顺应时代需要，也是他自己的使命感使然。而且这个工作也只有邵洵美才能做：他本人是诗人，学文学的留英学生，参加过多种社团，作为刊物的编辑，了解文坛动向、出版甘苦，"沪上孟尝君"也使他结交各方各派的诗人。三十年代，是流派时代，是争论时代，流派之间的争论会忽然变成个人意气。要能超脱，就得有胸怀。

邵洵美拿起诗歌批评之笔，也是因为一批杰出诗人突然出现。他的第一篇文章就是提醒人们"诗坛并不沉寂"，诗坛其实从来没有如此热闹，因为"他们的技巧是一天天成熟，他们的才能也一天天在发展"。"他们"是谁呢？是卞之琳、朱维基、方玮德、曹葆华、陈梦家，这批人都是徐志摩留下的"小朋友"，但是他对臧克家、戴望舒、方令孺一样赞美，也都是一九三三年出版了诗集的青年。一批"三十年代人"，无论左或右，这时候显现了异样的才华，三十年代初期，正是中国新诗一次规模不小的星河爆发。他也注意到左翼诗歌、救亡诗歌，在他连续几年署名Zau Sinmay（"邵洵美"三字的上海音英文拼法）为英文刊物《天下》写"新诗年记"（Poetry Chronicle）中，介绍了郭沫若、田汉等人。

但是邵洵美并不是没有自己立场左右逢源，他的诗论，应当说有偏爱而无偏见。他一直被认为是唯美派诗人，他的诗论却并没有追求唯美主义。他只是并不隐瞒对形式特别注意，这在三十年代很不容易做到。他回应梁宗岱："诗，最高的艺术，更不能离掉形式而有伟大的生存"。这话不是空话：他手里有形式美的最佳例子：卞之琳刚出版的《鱼目集》。他不无欣慰地说：读过此诗集，"我们便知道初期白话诗的秋苗已成熟地结实了"。他同意陈世骧，称赞卞之琳诗是"内容与形式的绝对调和与统一"，甚至认为比徐志摩的诗"在技巧方面已经更进了一层"。他特地举出"距离的组织"这首诗，来与胡适对比。为了捍卫卞诗"晦涩"的权利，他不惜反对胡适与梁实秋，指出梁实秋"缺少文学批评家应有的了解的能力与虔敬的态度"，而胡适要求新诗"人人看得懂，人人写得来"，被他一再嘲笑为荒谬之论。

更难能可贵的是，邵洵美没有手捧西方饭碗，借熟悉西方新出诗派新出理论，一味拿"时新"唬人。虽然他一九三四年的长篇论文《现代美国诗坛概观》，令我这个大半个世纪后研究美国诗的人汗颜：他不仅对美国诗坛的扫描切中要害，许多基本文章，例如T. E. 休姆的《浪漫主义与古典主义》，以及《意象派原则》在这篇文章中也是第一次介绍到中国来。但是他并没有被意象派对中国诗的热心过分自得，而是冷静地指出：中国古典诗对意象派，就像指南针对现代科技,都是文化转化后的产物。他指出研究新诗应当用的方法之一是"中国与外国的比较",为此他写了长篇论文《孔子论诗》(Confucius on Poetry),详细比较了儒家诗观,与希腊这人的立场。这是中国最早的"比较文学"论文之一,在中国尚无这个学科,甚至还没有听说过这个名称之前,有此实不必有此名。

同时,邵洵美也是最早提出新文学对传统否定过多的批评家之一,他说他经常指出应当"补足新文学运动者所跳跃过的一段工作:即造一个'文学的过渡时代'"。因为中国文学从旧到新,一步跳过了必要的过渡,应当回过头来补一补:要把过于"西化"的文学往回退一点。这样的号召,的确需要魄力。

特别要谈一下的是一九三八年十一月到一九三九年六月在《中美日报》上连载三十一篇的《金曜诗话》,这是三十年代最长最持久的系统诗评,有四万多字,是一本书的规模。邵洵美是在避居租界时写作这批文章,这两年真是他与项美丽合作编辑《自由谭》的繁忙时刻。这部诗论显然是以普及为目的,拟想的对象是读报的大众,但是触及问题之全面,组织之缜密,按部就班有计划地讨论了中国现代诗歌的方方面面。诚然,三十年代有过各种翻译的诗论,真正针对中国新诗的系统诗论专著只有个别例子。到一九三九年前,中国还没有过如此系统的中国新诗评论。可惜写成之时正值兵荒马乱,这个系列批评未能印成书,否则应当是中国最早的诗歌艺术专著之一。

这本诗论不容易写,不仅是因为必须对新诗全面发言,不躲避任何问题,而且整个中国已经被抗战的烽火吞没,中国诗歌,整个中国文学,在战争中动员起来参加战时宣传。邵洵美本人也参加到抗战事业中,翻译"游击队歌"(奥登与依歇伍德在 Journey to the War 一书中描写了秘密从敌占区潜往上海,会见邵洵美等人的情景),参与翻译出版《论持久战》。虽然战时宣传压力非常大,然而一旦回到诗歌理论,邵洵美坚持艺术立场。在"抗战中的诗和诗人"等好几篇专题中,他面对抗战时诗歌的任务这个棘手的问题,立场毫不退缩,措辞绝无含糊:"诗的确是可以深入人心的宣传工具,但是深入人心的宣传工具却并不只是诗。"

读邵洵美的诗论,有时恍如昨日,他讨论的问题,许多在今天依然是问题;他说的话,今天依然需要倾听。尤其当他仔细分析汉字发音对意义的作用,唇鼻音"腻性",唇送气塞音"敌性",舌尖边音"活性",舌擦音"凶性",唇齿擦音"动性",不禁令人拍案称绝。我经常感叹中国文人说大话谈玄的多,做实事想问题的人少,对汉语发音的"像似符号性质"(phonetic iconicity)细致分析的有心人,至今我只看到邵洵美一人;尤其当他提出黎锦晖"毛毛雨"等歌词创作,"流传之广,影响之大,实在是不可抹杀",把歌词与诗相提并论。大半个世纪之后今日的诗评家,还缺乏视歌词为重要诗体的眼光和胸襟。

尤其当他一再说:"我们今天只有写诗的人,而没有读诗的人",我不禁莞尔。我们的确需要邵洵美来教我们如何读诗。他指出批评实际上是新诗最薄弱的环节,新诗缺少的是"中间人",他看得很准。但是他不停留于指手画脚,他动手解决问题,而我们就有了这满满一本值得一读的诗论。

许多人说邵洵美是公子哥儿,洋场阔少,自奉不菲耽于享受,散漫而无章法。但是请看这本诗论集:有几个诗人想问题如此系统周到,但是整个中国批评史几乎从来没有提到过邵洵美,他作为一个诗论家的成就一直没有人注意到,这是奇怪的事。

是的,还是他,这位著名的唯美诗人,但却是一位认真的、勤奋的、论述系统的诗歌批评家,写的诗论在七十年后,依然值得我们好好读。

何必为一把小葱走一次人生:忆陈敬容

乐山师院的陈俐老师说:你看到吗,就是在那个码头,一九三二年,才十四岁的陈敬容就是从那儿偷偷上船,溜出了乐山这个小城,被父亲抓回来后关了起来。

我朝江面上张望,濛濛浓雾之后,淡灰色的船影飘飘浮浮。一九三四年她又偷偷离家出走,陈敬容晚年承认,是"曹葆华寄的钱"。她离开故乡的那年,"大佛洗脚",乐山发大水;此后大雾锁江,古城沉落在记忆中。

本文还刚开始,已经不小心捅出了另一个名字。曹葆华是我的英雄:中国第一个认真翻译西方现代文论的学者、新批评的创始人。英语世界理论权威瑞恰慈(I. A. Richards),上世纪三十年代长期留在中国,在清华讲授《文学理论》,在北京的学生都涌去听,能听懂的没有几个,敢于动手翻译的只有一个学生。这个清华学生的胆子不局限于学问:陈敬容是他在乐山县中教英文时的学生。对这桩轰动乐山的公案,两个人都没有留下文字:当年再人言沸沸，也早就烟消云散。这个少女跨上撑起帆的木船，对身后依然沉睡在中世纪的小城没有多少留恋，多年后在诗中只提过一次，"记忆已经发黄"。半个世纪后她回到乐山一次，也没有衣锦还乡之感。今日互联网时代，已经很难想象居住地对命运的影响：任何一个地方不允许超出心理宽度，像陈敬容那样的时代异数，最好朝变异允许度大一些的地方走，这是她一生不得不记取的教训。

传统传记有个共同点：讨论女艺术家，首先会问：曾经走在她身边的那个男人是谁？讨论男艺术家，身边的女人则可问可不问，芳影大可无名。毕竟，二十世纪早期的中国社会，并不比维多利亚时代的英国开放，婚姻依然是女人一生的事业。

从这个角度写陈敬容，一开始就会遇到障碍写不下去。我认识的陈敬容不需要这个写法。这篇文字要谈陈敬容，但是不得不用一种特殊的方式来写。

陈敬容写下过一些生平回忆，中规中矩的自我介绍，记下应该记下的材料，组成言之成理的情节：这些读者自己在她书中可以看到。她的回忆遮蔽了一些"不该进入"回忆的事情，这也是多少年大家遵守的律令，"历史"至今应该的写法；苦恼的是，我又不想在此写下一些她的"闲聊"，她告诉我是对我的信任，我不能在三十年后辜负这份信任。虽然逝者没有隐私权，但是必须尊敬先行者。所以写作此文时，只能从她的作品的字里行间找她的生平，找出那些被各种书面"回忆"掩盖的,却又是构成历史的真正细节。

幸运的是,陈敬容是个诗人,而且永远是用最少量的语言,说出最多的意义;更幸运的是:陈敬容写过一系列写自己的诗,为我这篇文字提供了雄辩的材料。"我没有我自己……一片阳光的暖意,织进别人的想象里"。所以这篇序文(《陈敬容诗文集》,复旦大学出版社,二〇〇九年),是诗中的传记。

第一次见到陈敬容,是在一九八〇年初吧,忘记了是《世界文学》编辑部哪位老师介绍的,说我既然研究诗,就应当认识诗人。记得那天去拜访,在她的宣武门西大街一栋大楼底层的寓所里。冬天紧闭的窗子,隔不住车声隆隆,不过谁都没有注意窗外的喧声:整整一个下午,陈敬容很高兴,不停地谈着。谈到近晚,我才明白她高兴的原因不全是我的来访:小小的房间忽然来了不少人。辛笛从上海来了,是曹辛之带来的。介绍我们认识后,陈敬容爽朗地对我说:"跟我们一道去吃饭吧!"她是说客气话,但是她的遗憾绝不是伪装。

我告辞出门,那可能是"九叶"的第一次集合,因为陈敬容没有说到"九叶"二字。今天回忆,我觉得那个晚上对他们不平常,才森然觉得与历史擦肩而过的战栗:不过在那个近距离,当时并没有任何感觉:那是个历史正在发生的年代,那时在北京文学圈到处在发生历史事件,哪怕我事先知道，"九叶"诗人的集合，也不会是当时最让人激动的事。但是"九叶派"就此诞生了，文学史的一章预订了：被数进的叶子，就是九张之一的叶子，就得与另外八张叶子一道读。很有人为没有数进去的人抱怨，说历史是选家写成的。

不过，怎么数也不会把陈敬容数掉了：她实际上是把"九叶"的两半结合成一派的关键人物：一九四七年底《诗创造》分裂后，在上海创刊《中国新诗》的五位同人中，她首先著长文推荐寓居北方的"西南联大诗派"，写信联系他们。很多人至今认为"九叶派"不能成立，文学史上没有事隔三十年才互相认识并且命名的派别。这话不错，但是全世界也没有一群精神相契的诗友，大多居于同城而三十年不能相认相识。而在最后集合之前，恐怕也只有陈敬容与每个人都认识：郑敏在九十年代回忆说：九叶初次集合时，她只见过袁可嘉一人，其实一九五九至一九六〇年间她与陈敬容在外文所同事。不过陈敬容是个低调的人，或许郑敏忘了她的外文所老同事有两位：本文要写的这一批文化人，一半在"学部文学所外国文学部"这个名字拗口的研究所工作过。其实，中国现代知识界，一直不是很大；今天的高校教师队伍，也只是看起来庞大而已。

那时北京尚是全世界最受人艳羡的自行车城，我能从建国门社科院一直骑到北大去会朋友：那时知识分子突然有了交往的自由，很愿意好好享受这个自由。与辛笛见过几次,他住在在上海;与曹辛之也见过多次,他的家兼工作室,在王府井之北。袁可嘉先生则受卞之琳先生委托,直接指导我研究理论,见得更多。与陈敬容见过几次,每次听她聊"九叶"往事。因此我与"九叶"中大部分人都熟悉了。

说来奇怪:那几年拜会前辈,多半是听他们滔滔不绝谈往事,从上世纪三十年代一直谈到"文革",很少说当前的人和事。其实他们知道我专攻理论,不做文学史,他们只是觉得我是一个可以放心的聆听者:三十年只是翻过去一页白纸,总算出了新一代后辈,竟然还对旧事感兴趣。在被迫沉默三十年后,可以任意说而不怕"犯错误",我又与任何一方没有人事干系,尽兴说也不会得罪任何人。我感谢他们的这份信任,我也的确听得津津有味:那些已成文学史的传说人物,青春岁月竟然也有过许多鲁莽,也有过若干荒唐。如果有意记下,可以写出一本现代文坛的《世说新语》。但是我听陈敬容说得最多的,是"九叶"她唯一她从来没有见过的"九叶"诗人穆旦:关于穆旦的诗才,关于穆旦的悲惨晚年。陈敬容的慈悲心怀让我感动,对她的了解也就多了起来。

一年多后,一九八一年,我得到富布赖特研究奖去美国做文学史研究。那时出国者不多,曹辛之和阿城给我手制了精美的工艺品作礼物。记得穿过宣武门去与陈敬容告别。她知道我匆忙,只是说了一番鼓励的话。那是个新印象急急忙忙覆盖旧印象的年代,最后与陈敬容互道珍重时,我不会想到今后见不到她,我只回头看了一眼:她个子不高,头发灰白,令人惊奇地瘦削,不过在那个年月,不容易遇到不瘦削的灰发人。

又是三十年过去了,我今天努力追寻的两个三十年前的往事。

从一九三四到一九三七年,陈敬容住在清华北大附近,她的诗人生涯也像模像样地开始:在《大公报》副刊等一系列刊物发表诗歌。同时在清华北大旁听(偷听?)英文系课程,自己找老师学法语。若干年后陈敬容又学了俄语,以多种语言的翻译家鸣于世,但是她从不忘叮咛有志翻译的学生"珍惜正式课程"。一个连中学都没有读完的女子,成为外国文学界领军刊物《译文》的编辑组长,岂是易事?在其他艺术门类中,中国有的是冒牌名家,外国文学翻译却最货真价实,至少在那个译本很少的年代,丝毫假不得。

上世纪八十年代中期,当大学校园不再管理得像军营,中国大学宿舍又出现"文学北漂",这些人是大学灰墙上闪闪发光的附生物:从丁玲到萧红,可以说出一大串名字。北京三年是陈敬容一生最无忧无虑的快乐日子。对曹葆华呢?商务印书馆一九三七年出版了这个年轻人的《现代诗论》,清华英文系主任叶公超教授作序。

"听表的滴答,暂作火车吧,我枕下有长长的旅程",

这是陈敬容在北京的第一个冬天所作。我这才想起来为什么我会得到她的青睐，她认为我既是卞之琳先生的学生，就应当理解她的诗：卞诗飘忽迷离的意境，是这个文学少女日夜揣摩的标本，这些"卞式诗句"或许是在半睡中涂下的。"谁啊，又在我梦里轻敲？"卞诗特有的戏剧独白调子，出现在这个少女艺术学徒的许多诗行里。

模仿大师如此迫近，已经不能再叫模仿。当时已经以诗闻名的曹葆华，又模仿得如何？曹葆华的传世代表作："她这一点头，是一杯蔷薇酒；倾进了我的咽喉，散一阵凉风的清幽；我细玩滋味，意态悠悠，像湖上青鱼在雨后浮游。"这是徐志摩三流之作"莎杨哪拉"的三流模仿。很抱歉我拿我的前辈英雄曹葆华来开刀，但是诗有别才，曹葆华是理论先行者，写诗比不上旁边的这位小女子。如今被文学史家列为后期新月派的，应当是陈敬容而不是曹葆华。

我不能肯定，这位"一点头，倾出蔷薇酒"的女郎是谁，据说曹葆华这首诗作于一九二九年，是否那时候他在乐山中学见到豆蔻年华的陈敬容？我能肯定的是，曹葆华不再会有这份体验，时代已经不允许：他们相会在上世纪三十年代初，那是中国似乎可以酿成现代文化的第一次机会。而坚持写诗的陈敬容，应当是从三十年代链接到八十年代的深长渊源，中国诗现代性潜流的默默承载者。

一九三七年六月，燕卜荪（William Empson）受不了日本国内的"爱国主义"叫嚣,来到北京与他的剑桥恩师瑞恰慈会合,瑞恰慈写道:"在中国事情太顺利,恐怕要出差错。"差错果然来了,在七月七日。一个时代结束了,平津学生开始向南,向西:燕卜荪与瑞恰慈向南赶到长沙,参与了西南联大第一期的授课,曹葆华西去延安;而二十岁的陈敬容偷渡出北平,长途跋涉到了成都。北京的那个生机勃勃的文人圈,消失在戎马倥偬之中。

或许二十岁时她还不了解自己:她结了婚,到了兰州,在那个极端缺少现代生活设施的地方,为人妇,为人母,写作成了一个奢侈的偶然。她的本性完全不适合这种生活,"既不计较为什么活,也不计较怎么死……而叹息眼泪倒尽有的是,为了点缀无聊"。后来收在《盈盈集》中的文字,真是泪水盈盈:看来现代中国又添一个以"相夫教子"简历空白的夭折才女。这时期偶有诗作,大多是平淡无奇的感伤。语句中偶尔闪过北京的那个学诗少女的影子:"谁,高高地投掷,一串滴血的,心的碎裂。"

终于在五年后,她再次离家出走。在旅途中,她的创作激情就开始喷发:黄尘仆仆的路上,邠州,平凉旅次,让人感叹西北荒漠会给这个少妇如此多的灵感。该年五月她在重庆郊外的小镇盘溪做小学代课老师,几乎每天必有所作,有时一天三首诗,"创作的欲望烤炙我像火一样"。看来每次逃离,都是让她兴奋,看来陈敬容最无法忍受的是家庭的天鹅绒监狱:"我想起夏娃,想起她初尝禁果,那新奇的,新鲜的欢腾":下午在清溪中游泳,然后回到她在山顶寄居的茅舍,在油灯下奋笔写下新作。

而在五月的作品激流中,我们看到了《假如你走来》这样动人的情诗。这个"你"是谁,就不是我们妄作猜测的事了。但是我们至少应当感谢此人,"是因为幸福,不是伤悲"。

我很抱歉,这篇文字成了陈敬容生平的追踪,而且捕风捉影的是一个女子的私事,但是中国历史向来很少有个人面目,二十世纪上半期又是表情一致的岁月,走过的是一排一排制服一致的方阵。那个年代羞说私事,今天对那个年代的私事也是休说,很少有学者愿意像我这样写。但是不涉及个人的文学史,已经压扁了中国现代文学史上的大多数人物。而我从自己与他们的简短的过从中,感觉到他们曾经活得非常有个性,心灵虎虎有生气。

一九四六年,落在大后方的文化机构,一个个渐次搬回北京、上海,开始新的事业。曹辛之与臧克家等人联手,成立了星群出版社,到上海出版《诗创造》。不清楚陈敬容到上海,事先与这个约定有多少关系,正在创造力喷发中的陈敬容,很快成了这个刊物的主要撰稿人,直接参加编务。曹辛之说:"《诗创造》的翻译专号,诗论专号,敬容和唐湜是出了大力的。"而且,当时的这些诗刊,除了大名家,其余都是不付稿费的。

几乎整个二十世纪,上海是中国唯一一个像现代都市的城市。没有一个内地来者,面对现代城市的冲击能无动于衷。陈敬容在上海感到自己成了一个"陌生的我":"当我在街头兀立,一片风猛然袭来,我看见一个陌生的我,对着陌生的世界。"她在上海住了三年,一直住到一九四九年初春,"除了偶然又偶然之外,我很少在一间屋子里住到半年以上,不是被迫迁出,就是为了自己觉得腻烦,想换一换"。最后她有个一个比较安定舒适的住所,不由得感慨"鸟儿有了巢了,流浪人有了家了"。

这也是陈敬容一生创作最丰富的三年。她翻译了中文印成两巨册的《巴黎圣母院》,翻译波德莱尔、里尔克、凡尔哈仑、安徒生;她写的更多,写诗,写散文,写散文诗,写批评。很少见到女诗人写批评。但是陈敬容评论郑敏、穆旦、杜运燮"联大三星"的这篇文字,不仅是"九叶"合成一个派别的关键事件,也是"九叶"诗人最早的自我评价。署名"默弓先生"的这篇论文《真诚的声音》至今值得一读,我没有看到过女诗人有如此尖锐的批评目光。

"文坛骗子沈从文和他的集团,这里包括诗人穆旦袁可嘉郑敏等这些'乐意在大粪坑做哼哼唧唧的文字和苍蝇'……公然打着'只要大的目标一致'的旗帜,进行其市侩主义的'真实感情'"。四十年代已经可以看到这种批评,而如此话语冲着陈敬容而来,要沉得住气真是不容易的事。

一九四七年《诗创造》的分裂,臧克家与"九叶"诗人的对垒，成为此后几十年极左派与"人道主义马克思主义"知识分子的长期争论的先声。三十年后"九叶"定名时，辛笛说："事实上我们不能成为花，我们只能衬托革命的花。"这种自甘边缘的态度，虽是文人本色，本身就不容于革命高潮时代。上世纪八十年代的文坛开门，这把火从诗坛烧起：全中国轰然争论的所谓朦胧诗，陈敬容坚决站在年轻人一边。因为她明白这是旧戏新演。一九四八年陈敬容就批评"有些诗看似热闹，实际空无一物，而且虚伪的不近情理"；一直到八十年代初朦胧诗争论，双方阵容甚至人物都依旧，无怪乎陈敬容八十年代愤愤地说："个别年逾古稀的老诗人，对自己向来不习惯的所谓'朦胧诗'大张挞伐，骂它们是什么'新诗的癌症'，这真也可称相当骇人听闻的了。"

陈敬容在上海出的诗集叫做《交响集》，如果要一个诗人必须有自信，这标题应当是自信之冠。当她对诗游刃有余时，她对世界也游刃有余。

她会郑重其事是劝告某个人说：假若感情是一条鞭子，生活是一阵雷，假若整个世界只是，可以任你信足一踢的皮球，那么它将会带给你，一个比夜更黑的白昼。

她甚至会戏剧化地嘲弄某个人："世界沸腾哪！"你将会叫喊，你将不再守牢你那可怜的小角落，守牢你的叹息当云霞，守牢你的啰嗦当仙乐。

她甚至会洒脱幽默地挥挥手与某个人告别：任人说方不是方圆不是圆，我知道真理不同你翻脸。

我们不知道是谁把感情当鞭子，是谁在哀叹世界沸腾，永远和真理同在的又是何人。我们只知道她已经能把那些大知识分子称作"逻辑病人"，看到他们"渴死在绝望里"；她已经能看到这个巨大城市不值得畏惧，因为"无线电绞死春天"；我们甚至看到她能自嘲地对自己说："嗯，我知道你顶瞧我不起"；她能甚至能问一本眼泪过多的小说："可要点一支烟？"

至今为止的中国女诗人，经过了多少次解放，绝大部分作品依然一读就知道是女性之作。而《中国新诗》的男性对手觉得面对的是一个重量级选手，话说得客气一些："陈敬容对自己的疮痂是爱之成癖的，他不但振振有词地波德莱尔卫护，同时也为自己辩解，现在，不但他还承袭着一贯的歪曲作风，而且竟以图穷匕见的真面目出现，来死守没落阶级的破落文化堡垒。"

这个"他"字，倒是对陈敬容这个时期创作的高度评价，批评者看来没有想到坚持这个诗学立场，写出这样诗句的是一个女子。在总共出了五期的《中国新诗》中，我们看到一位优秀诗人出现在一九四八年，给中国诗带来一种成熟的现代性。而那种轻快而微妙的反讽基调，我们甚至可以称之为男性气质。中国现代诗的历史，还没有一位女诗人能做到这一点。我还必须说，连陈敬容本人以后再也没有能回到这个高度。这不是她的错:整个一代诗人都永远没有回到一九四八年的高度。

一九五七年,"九叶"中绝大部分人(袁可嘉、曹辛之、唐湜、唐祈、杜运燮)成为右派分子发配到北大荒等地方劳动,穆旦甚至被判为"历史反革命";晚至一九七八年,袁可嘉还做了一次"现行反革命"。我刚到社科院做研究生,看到一位中年人在打扫厕所,见到人进来低头让过,听所里人告诉我是袁可嘉,不禁骇然:"文革"已经"正式结束"两年,还有这种惩罚!话又说回来,上世纪四十年代对"九叶"诗人批判最力的"七月"诗人,全部落进"胡风反革命集团"之网,没有自杀的,就得长期坐狱劳改。不少人至今认为"九叶"这个诗派不成立,哪有过了三十年追认的诗派?不过看一看历史的逻辑,这个流派完全没有可能提前成立。那个年代,想写诗而不把自己写成反革命,恐怕不是容易事。每个时代都有年轻人前仆后继地要做诗人,条件是明白应如何诗;看"九叶"的对手臧克家这位诗坛不倒翁歌颂"文革"的"民歌",就可明白:如此诗不如"九叶"之无诗,而无诗如何有诗派?

陈敬容此后搁笔三十年,翻译成为她主要工作。"文革"中,一九七三年,她才五十六岁就被迫退休。让出机关宿舍,住到京郊法源寺后面的一所平房。据见过她的人说,法源寺当时破败不堪,冷如冰窖,厕所共用,厨房灰暗。其实当时大部分人，大部分知识分子的住房都是如此。一九七八年改善退休人员条件，搬到宣武门西大街一栋楼房，那几乎是个半地下室，隆隆车声整日在头顶轰鸣。诗人面对着都市喧嚣的街头，依然那种讥讽："噪音它可不会老，它一天比一天年轻，同无法逃避的，种种折磨一起，他还在繁茂生长"。但搬出法源寺，陈敬容已经非常兴奋："几十年来从来没有这样无忧无虑过，可以关起门来写诗。"一是总算有自己的厨房、厕所，二是作为一个诗人，总算可以写诗了，也可以评诗了。离开法源寺，成了陈敬容的第三次逃离，而且与先前一样，引来又一次创作的高潮。

一九八四年我在伯克利加州大学读博士，每星期五下午最好的享受，是到Durant Hall那座小巧而静雅的东亚图书馆翻翻国内来的杂志，新购的书单独列架。我欣慰地读到《诗刊》上陈敬容的新作，看到她依然活跃的思想："我们的语言，了解的人至今十分稀少。"她进入了生命中第三个诗歌青春。

曾经有多少个世纪，《春秋》、《左传》的编年范式，是中国人看历史的唯一方式。远离庙堂后，太史公才从容看出：历史是人构成的，事件只有归到人名之下，才获得意义，而名字也只有在后人的注视中，在可以与我们自己的生活经验相比附的生命细节中，才能活成一个能携带历史的生命。

我这篇文字不是评价陈敬容：陈敬容已经承载了历史

意义，我只求在她的字里行间寻找失落的，被历史擦抹掉的细节。

许多有关陈敬容的介绍，都是说她生平坎坷，晚景凄凉，甘愿被世界忘却。读了这些报道，我心里总是很纳闷：我见到的陈敬容老人，乐观，坦荡，善于交朋友。八十年代是她一生最高兴的时刻，我认识陈敬容，也是在那个兴奋的年代。我太明白这些介绍背后的逻辑，知道那些报道的话中之话是在说：陈敬容作为一个女人是悲惨的，因为没有稳定地落在一个婚姻中，哪怕作为一个寡妇度晚年，也可以比无夫之妇骄傲，至少能住一套好一点的房子。

然而，对于杰出女性，被俘虏的历史，恐怕更是她俘虏的历史。为了给这篇诗中之传来个比较明白的结束，我在此点明陈敬容一生中遇到过的几个男人，让这篇"反传记"有个类似传记的结尾：除了本文提到过在清华北漂时的曹葆华，抗战时在兰州嫁给诗人沙蕾；一九四八年秋与翻译家蒋天佐一起到解放区。其他还有谁我不得而知，不过是否有必要知道，才能读懂陈敬容的诗呢？

"你有你的孤傲，我有我的深蓝"。这是诗的回答。陈敬容的名字没有挂在任何一个男人的传记里，这正是陈敬容人格完整性的所在。陈敬容是个诗人，诗人可以兼做妻子：到书店看书买书，可以顺便带回一把做晚餐的小葱。但是去书店的旅程就是福，何必为一把小葱单独走一次人生？

寻找神性：读史铁生

一、我们时代的思索者

如此标题，并不是想说史铁生证明了神性，而是说，史铁生坚韧不拔的努力，坦率真诚的内省，这过程本身是神性的证明。用史铁生自己的话来说："在神的字典里，行与路共一种解释。"

当代中国大陆作家中，有宗教信仰者，大有人在。但他们与史铁生不同：张承志之皈依伊斯兰教义，是他种族文化基因拨动的回归；北村的基督教信仰，是他一贯悲悯情怀必然的选择；高行健的迷恋禅宗，则是他近年戏剧的美学基础。这些作家不需要努力证明神性的存在。对他们，神性的存在，是他们的信仰，而信仰是自我澄明的，不是思考的结果：既不需要证明，也不容忍证伪。

史铁生不同：除了残疾之身使他更关注命运，或者说，使他有内省的时间，其他各个方面，他与大陆大部分中年人，没有什么不同：我们整整几代人，五十年代至六十年代初，浸泡于道德主义的意识形态，在"文化大革命"中亲身经历了这个意识形态极端式的"实践"，然后眼看其在实用主义的强酸中销蚀。我们没有走上史铁生式的寻找之路，是因为我们认为目前这个带着意识形态残骨的实利主义杂烩，是多年意识形态压力下的一种解放；对个人，追求终极价值，目前好像还是个奢侈，至少目前尚无此必要。

因此，在偌大的中国思想界文学界，史铁生是孤独的：他的毕生力作，一九九五发表的四十万字长篇小说《务虚笔记》，应者寥寥，似乎很少有人读到底。七年来，没有几篇评论。是否因为其宗教性不合时宜？不是。张承志的宗教浪漫精神，反应热烈，几乎使张承志成为圣者；北村的作品，也是好评如潮；高行健的现代禅剧，至少在西方舞台上得到同情的呼应。看来，读者评论界还是能够呼应宗教精神，但是不是史铁生式的追求。

还记得史铁生在八十年代是"知青情怀"的第一个代言人，当时读者的热情令人感动，批评界的欢呼也依稀在耳。八十年代中期，史铁生对上帝不公、造物弄人的感怀——也就是说，他无法用逻辑推理找到神性之时——他还依然是中国文学界的中坚人物。恰恰是在九十年代，在史铁生走出理性求证的迷宫后，中国读者背过身去。不是因为他不合时宜，而是因为他的证明神性之路，太靠近我们。与张承志、北村、高行健，我们保持着赞美距离，或审美距离，而史铁生的路，就是我们面对，却不愿走的路。

我想这就是为什么中国思想界的少数"精神价值派"，也一直没有重视史铁生。一九九三至一九九四年关于人文精神的讨论，涉及"终极关怀"，没有人提及史铁生；此后言辞激烈的"反对投降丛书"，也没有包括史铁生。

我想，思想界并不是有意忽视史铁生，而是觉得他的思路过于遥远。或许，我们潜意识中感到一种恐惧：接受史铁生的思路，将直接威胁我们面对世界的根本方式。

但是我们终将面对史铁生提出的一系列问题，这不会是一件很轻松的事，但却是我们自己的事，而且是紧迫的事。虽然史铁生式的思索，没有短期重要性，却是直接施压于我们这一代的典型思考方式。如果我们在不能作出理解的努力，后面几代人就会觉得恍若隔世。

什么是我们这几代人的经历特征？那就是，我们曾长期拥有全能全知全善的，具有充分神性品格的道德化意识形态。我们的成长，一直在这个精神的呵护与威势之中。它具有充分的父性权威压迫我们，但它的美好许诺，也让我们免除自己寻找人生目的之苦。

甚至在今天，在潜意识中，我们还在怀念这个可以让生命小舟归岸停泊的乌托邦。我们的个体存在，曾骄傲地沾有历史目的论的辉光，我们每日的实践，曾充满了神圣的未来性。

史铁生生动地描写了这个具有类神性的"时代精神"。他多次写旧日牧师转而奉仰新意识形态。在他的早期作品《关于詹牧师的报告文学》中，詹牧师用三条语录对基督教作了三点犀利的批判，证明"主是伪善的，骗人的，愚昧的"。上帝的各种神性品格，被转移到新的意识形态上。

马克思在写《德意志意识形态》时，坚持认为全社会不自觉地接受统治阶级的意识形态，误认为是普世的自然真理。在马克思看来，工人阶级知道他们为阶级利益而斗争，因此工人阶级的"阶级自觉"，并不伪装为普世性的意识形态，相反，自觉的工人阶级，能看穿意识形态的普世骗局。

此后，经过若干演变，马克思主义才变成一种新的具有充分超越品格的意识形态，由先知们（革命知识分子）的预言赋予强有力的未来许诺。

这种转化生动地出现于一九九〇年发表的《钟声》中。B的姑父，一个牧师，看到"上帝把全人类自古以来梦寐以求的那个人间天堂最先给了我们的祖国"。他退出教会，放弃圣职，庄严地宣告"一个没有贫富贵贱之分的社会已经到来，让那无用的上帝安息吧"。于是传出迷人钟声的教堂倒塌了，大钟被卸下炼钢铁。

在马克思的审视中，资产阶级意识形态的"真理性"是回溯的，例如先有自由竞争式资本主义的已然实践，然后才有"自由平等"价值观,作追认式辩护。除了个别例外,如法国大革命的雅各宾专政时期,并没有用有意识的政治行动来重建社会与人格。

而我们经历过意识形态的神性,把理想的未来秩序急不可待地付诸实践:现世的社会政治活动必须包孕未来。在《钟声》里,教堂的遗址上要盖起"一座神奇而美妙的大楼",而原本是牧师的姑父担任了设计师。

这种强烈的实践品格在中国思想中源远流长。天道(真理)的追求与圣人式道德追求,在社会政治实践中合一。政治实践被认为是一切真理价值道德价值的实现场所。理学关于"知行合一"的种种讨论,使圣人式道德品质进入个人修养实践。二十世纪初进入中国的社会达尔文主义、泛科学主义、简单化的实用主义,加强了中国思想固有的实践万能论。

因此,意识形态虽然在定义上,必须证明它的当即实践性,在中国,却使实践政治带上强烈的未来性,群体实践本身具有了超越性。

如果中国大部分人今天与史铁生的神性追求保持距离,不是因为我们不理解,而是因为我们太熟悉:我们曾经企及神性,我们习惯依傍理想。

我们太熟悉的,正是意识形态狂热。一切真理归于实践,实际上是个危险的定位:每次实践失败,不得不靠新的解释方式予以补救,而意识"正确"的补救不会是没有穷尽的。事不过三：失败次数过多，补救就不得不靠政治手腕，道义的立场就被圆通手法取代。赤裸裸的特权利益辩护，最终自我拆毁了意识形态的道义基础。

当代中国人没有理想追求，与其说是没有这种需要，不如说是出于厌倦。我们也不时怀旧地想起理想精神的光辉，但我们更是理智地知道曾经受的巨大灾难。与其寻找新的神性，不如满足于实利追求。

对目前的价值缺失，思想界的辩护词，是说根本不需要超越平庸，日常经验本身具有足够的自足性，不必另有目的。尤其在前三十年种种口是心非的表演后，坦诚的追求实利，以及及时行乐，几乎成为"美德"。"讨厌任何说大话"已经成为某些作家取媚公众的姿态。

鼓掌者中，有不少是知识分子。中国思想界的主流，在八十年代初退回到十九世纪的泛科学主义、实证主义，八十年代中期退回到儒家工具理性，九十年代退回到彻底的实利主义，笨拙地使用各种"后现代"包装纸。到二十一世纪，只能退到无需包装纸的犬儒主义。

在这样的时代，史铁生是孤独的。我们能躲避救赎的需要，史铁生不愿躲避。像他那样思索的人，不再享受神性的覆盖时，就无法不感到一种宇宙性的孤独；如果不追索终极关怀，人生就是空无一物的存在。另有一些人则认为可以简单地进行"理想主义复归"，回到道德主义的五十年代，回到柯察金与格瓦拉的革命理想主义。这也是史铁生所断然否定的,史铁生提出的课题,是寻找新的超越。

二、从原罪出发

我们能同情地接收其他人的既设上帝,却不愿意理解史铁生的追寻上帝,因为追寻比信仰困难得多。

史铁生正是在我们失望的止足处出发:意识形态走火入魔,我们认为是某些人滥用权力造成的,史铁生却从中看到了我们整个民族的原罪。

在史铁生笔下,原罪的第一种方式,即以意识形态名义推翻亲情扫灭爱心。在《钟声》里,B的父母在解放前夕离开大陆,五岁的幼童不得不学会撒谎,说父母双亲已去世,才能进小学。姑父热衷的乌托邦,本应"所有的孩子是大家的孩子,所有的父母是大家的父母",但是他也知道没有别的办法。如此之类的"小事",会蚁穴溃堤,毁灭整个地上天堂之梦。

我们的原罪,更在于我们每个人都参与了拆毁神性的罪恶。在《奶奶的星辰》中,奶奶不幸因夫家关系,被划为地主成分成为斗争对象,无论做了多少善事,都无法改变"敌人"身份。当时"我"还是一个孩子,就对奶奶被送回乡下感到庆幸:"我松了一口气……奶奶不在了,别人也许就不会知道我是跟着奶奶长大的了,我生怕班上的红卫兵知道了这一点,算我是地主出身。"

这又是太小的事：只是孩子的一点恐惧，在那个年代再自然不过。但是原罪就是这样开始。不是我们无法抵挡罪恶，而是我们根本没有试图抵挡。我们只是想顺每次罪恶之潮头，寻找我们苟延的机会。其结果是：我们每个人都参与过给旁人带来过痛苦。

史铁生的《文革记愧》，是我能找到的对道德主义意识形态的最大罪恶——迫使每个人参与罪恶——进行认真检讨的文字。一篇朋友间传抄的地下小说，被公安局发现了。如何不背叛朋友就成为大难题。"我"在公安局尚未登门时，就明白了：在政权威势的逼问下，不可能不背叛。正是由于全民性参与罪恶，才使意识形态的道义基础彻底破产。

由此，史铁生追寻原罪到更深一步，即是我们每个人都可以成为"叛徒"，甚至必然"叛变"我们的良心或信仰。想起"文革"，我们没有一个人能扪心说无愧。只是记忆自动筛去了不方便的东西。如果追回到"文革"之前，那么年龄比史铁生大的人，有更多的羞愧——我们都在压力下，或背叛过自己服膺的道德理想。

史铁生有好几篇小说，在叛徒的定义上字斟句酌地计较：如果被敌人说服，相信自己错了，悔过而叛变，只不过是"改变信仰"，也不是叛变；如果经不起金钱美女的引诱，那就证明"原来就谈不上信仰"，也不是叛变；如果没有怀疑原先的信仰，只是由于实利考虑，例如可免一死，如此的叛变，才是真正的叛变。这样的叛徒，会落入精神痛苦中而万劫不复。

我想史铁生明白中国思想者的根本弱点：我们并没有怀疑超越理想的必要，只是我们暂时不愿自找麻烦。因此，我们背叛的是思想者的天职：我们放弃批判与救赎。

史铁生写"叛徒原罪"的最出色作品，是一九九二年的《中篇1或短篇4》。这是一部充满神秘气氛的哲理小说。叛徒为了想见到他爱的女人而叛变，然后他就陷于永恒的逃亡，最后在一个大雪之夜走进山中，自杀而死。在自杀的现场附近，一个女人与一个男人见面，"找你找了一万年"。

叛徒是永远无法摆脱的罪孽，只有自杀能救赎灵魂。以死相酬后，叛徒也能见到他心爱的人。但如果不怕死，那么原先的叛变本是多此一举。这就是我们每个人逃不出的"万年循环"。

《钟声》里，这个叛徒在寒夜中寻找"太平桥"。人物寻找"太平桥"的情节，在另外两篇同样出色的小说《礼拜日》与《别人》中也出现过。太平桥是北京的一条胡同，史铁生的出生地。史铁生是说：叛徒就是他自己。

自杀也有自私的，卑下的。寓言故事《毒药》写一个举世为养怪鱼而疯狂的岛上，有个养鱼事业失败者，为自己无能而想自杀。医生给了他两颗毒药，他觉得反正随时可以轻而易举地死去，反而缺少了自杀的动力，最后看穿这种"怪鱼成就"的虚假，不想死了，才发现那两颗不是毒药。

只有为超越庸常选择自杀，才值得敬佩。在史铁生最早期小说之一《黑黑》中，一个想自杀的老知青，看到母狗为救活小狗而甘愿被绞死，从中看到"人类战胜那个黑暗年代"的力量，也就是找到比自杀更好的救赎。在他以后的作品中，寻找替代自杀的救赎，越来越困难。

在九十年代中期发表的《两个短篇》中，史铁生又回到叛徒与自杀者这一对"原罪替身"。但是其中的"叛徒"，是奉命打入敌后，不料派遣的上级中风，成为植物人，无法为他证明。自杀者身怀毒药多年，无勇气自己下手，最后一个仇人谋杀了他，成全了他。叛徒是误会的产物，误会也是出于意识形态；而自杀要靠他杀来完成，胆怯使本为救赎的过程成为卑劣。结果虽然相似，替代却并非解脱。

三、上帝不理睬推理

细读史铁生的历年作品，追寻神性虽然是他毕生努力，但是可以明显地看到两个阶段：推理地追寻，悖论地追寻。这两种虽然都是知识分子的思考，而不是信仰或神秘体验。但是推理用的是知性语言，而悖论却依靠语言表述的盲区。

史铁生推理追寻最出色的作品，是一九八八年的中篇小说《宿命》。虽然史铁生的许多小说都有强烈的自传因素,《宿命》几乎完全是作者的精神自传,只是主人公"我"致残的原因不是生病,如史铁生本人那样,而是偶然事故:主人公半夜骑车回家,路上轧到一个茄子,龙头一扭,撞上对面来的卡车,脊髓撞断。"我"是一个为人做事都十分较真的中学教师,就不得不弄清楚,如何会落入决定了终身残废的一秒钟里。"我"的思想方式,看来是严格"科学的"。这一天环环相扣的活动,时间链即因果链。推溯到头,是一个学生在课堂上莫名其妙的狂笑,课后训话误了时间。多年后,那个学生来访,才告诉他,那天他无法克制的笑,原因是他从窗口看到一条狗"冲着校园中间的标语放了个狗屁"。

这样,推理地寻找决定命运的神性,所谓"第一因",只能从必然论落进无法究诘的偶然性。靠推理寻找终极动因,最后只能说命运荒谬,世间万物只存在绝对不合理的混乱。另一种解释就是造物有意弄人,如果推动者是上帝,它就有点像《旧约圣经》惩罚约伯的上帝——上帝或许全能,但绝非心善。缺少善的上帝,就不具备可接受的神性。

《宿命》终结于这两种解释之间,结论是一样的:人在这个充满残酷不公的世界上,是个被任意摆弄的孤儿。

在《宿命》的姐妹篇《原罪》中,全身瘫痪的残疾人十叔,多年躺在豆腐房里,给阿冬阿夏两个孩子讲童话故事。十叔请人在墙上挂了七面镜子,用潜望镜的办法看外面零零散散的世界，他认为一个老是用低沉浑厚的嗓音唱歌的人，是个王子般俊秀的豪杰人物。孩子们把十叔装在一个小车里，推到镜子窥看到的那个巷子，发现那个唱歌的人，不仅矮小瘦弱，而且是个瞎子。

原罪，就是我们的欲望，试图用想象，或者用科学，理解我们经验之外的神秘存在，并由此解释我们自己的存在。可惜我们的想象或科学所及，都是极端零碎的。这种突破孤独的欲望，是非分之想。因此我们需要救赎，救赎的目的是在神性与庸常之间搭起一座桥。这篇小说所显示的，是救赎之难。不用镜子或小车，十叔的想象反而更美好一些。有了企及的工具，反而走向失望，因为世界的荒谬立即无情地显示出来。

工具，无论是逻辑的还是物质的，都是功利性的，神性并非任何工具所能企及，因为工具所能取得的实利，并非救赎。迷信于工具的人类，得到的只是生存之荒谬。用逻辑来推演神性，只会发现神性矛盾百出。逻辑的推演，只能说明上帝即使存在，也对人类怀有恶意。他的神性，也就成了魔性。因此，用推理追寻神性，走不通。

四、悖论中的神性

史铁生写《务虚笔记》，用了整整四年，从一九九一到一九九五年。史铁生并不是在写这本书时才找到理解神性的钥匙。八十年代后期的某些作品中,上帝靠悖论存在这一命题,已经络绎出现。但是《务虚笔记》这部长篇小说,史铁生把在先前创作生涯中曾经探讨过的所有命题,甚至一些场面、意象和人物,都组织到这一部毕生力作之中。

这部小说写一批男女朋友互相交叉重叠的命运,他们的友谊爱情,悲欢离合,希望与等待。这些人物和史铁生一样,都是五十年代初出生,在"文革"中长大,而如今已近知天命之年,要对自己的一生下判语。

小说开场,是画家Z的妻子女教师O的自杀。围绕O的自杀,有一连串的谜无法解开,要到最后,在一连串其他人物的故事讲完之后,这些人物各自用自己的想法解释O的自杀,但是没有一个合一的答案。

尽管有这样一个贯穿悬疑,《务虚笔记》并没有讲一个情节严密的故事,许多片断形散而神不散地松懈连接,而且有大量的思考和讨论,也有许多诗意的段落。就体例风格而言,《务虚笔记》在现代小说中极为特殊,没有可以比拟的中国或外国的例子。我的感觉上,把陀斯妥也夫斯基的《卡拉马佐夫兄弟》朝基尔克郭德的《非此即彼》方向再推一些,或许接近此部长篇的风格。

在史铁生先前作品中再三出现过的"家庭出身"问题,在好几个人物的生平故事中再现:WR的父亲是新闻界要人,解放前离国,要搭乘的船沉入海底,生死不明。WR高考成绩优异,因为"出身可疑"不被录取。他说了几句激愤之言，成为"现行反革命"逮捕法办，劳改多年。N的作家父亲，成为右派，热恋着她的青年F不得不看着她远走大西北。

只不过在《务虚笔记》中，因出身不好所受的罪，不能保证这些人对世人苦难的同情，相反，常使他们把他对社会的怨恨变成"战胜俗世"的复仇性动力。WR"文革"后从劳改回来，一心走当官之路，娶了一个他不爱的高官之女，作为向上爬的资本，变成"跨世纪接班人"。

看到WR因"白专"而劳改的例子，同样"出身不好"的Z，下决心每门课只考六十分，把所有时间用来自学美术。他最后成为一个迥出流辈的画家，但是卑微的家庭、贫穷的童年、对世界的怨愤、长期的个人奋斗，把他变成一个性格傲岸睥睨世界的"征服者"式人物。O对她崇拜的男人之失望，至少是她自杀的一个浅层次的原因。L尚是青年学子时，初恋情书被女方交给革命委员会，公布示众，成为被批判的靶子。后来L成为诗人，就不珍重爱情，而是从滥情演化成性乱。

"被牺牲"不一定会自动地变得崇高：迫害也能使受害者堕落。把史铁生的理解，与所谓"伤痕文学"对比一下，就可以明白，史铁生在原罪的普遍性这个问题上，得到了具有超越意义的领悟。

这些人物的上一代，一样苦难重重。而叛徒与自杀者，再次成为小说的焦点。"情窦初开时，革命来临"。在这个长篇中，叛变之不可避免，得到最复杂的悖论说明：一对革命者被敌人包围，只能分别突围。两人说好今后回到此地留地址的方法。女人为救此男人，有意吸引敌人注意而被捕，在刑拷下她却成为叛徒。此后，此男人是掌权的"革命干部"，而她半个世纪被作为叛徒被批斗，受辱到老。最后她回到原处，在向日葵叶子上写下"我是叛徒，你不要再等"九字。男人也回到此地时，叶子已经错乱。这九个字竟然可以排成意义完全不同的六句话，而最后两句竟然是"你我是叛徒，不要再等"，但也可以是"你我不是叛徒，要再等"。

青年F后来成为医生，但依然热恋着"文革"后成为导演的N。他最后一次见到N并下决心不再相见后，一夜间白了少年头。N最后在拍摄的电影镜头背景上看到F的影子，明白了一生失之交臂的幸福。她赶回北京找F，F却已经去世，留下几十年每天给她写的，却从来没有寄出的信。F用这种超常的忍耐，来完成他的爱情。

爱情是精神的升华，史铁生笔下的女性美丽，男性刚毅，而他们的爱情，却不顾社会习俗伦常——因为至爱本身是对庸常实践的超越，"死的诱惑，与至爱相同"。已婚的女教师O遇到画家Z，为他的艺术和人格所震撼，即使丈夫没有什么使她不满的地方，她也毅然离婚，嫁给Z；女导演N爱上WR，却甘愿做他的情妇；F医生结了婚，却依然爱恋着N，只是不愿表白。

如果爱情的实现有如天堂，那么这个天堂极端不稳定。"信誓旦旦，恰恰说明危险无时不在"。L诗人写爱情的长诗，"所有诗人爱恋着的女人，都要离开长诗已经完成的部分"。要使被爱者能进入这首诗，诗人对她们的爱必须结束。那么，为了让爱情的确具有超越性，就必须让爱情始终处于恋爱之中。所以，当诗人L看到医生F如此痛苦地爱着N，劝他去找她，F却说："有一天你发现一件东西，只要你一碰它就没了，它就不再是它，那时候你才懂得什么是美的位置。"天堂应当只是个希望，而不是诺言。这个希望不能也不应当实现，这就是为什么人生充满痛苦，反而印证了神性的存在。

史铁生早期的小说，还在偶然性与上帝是否全善之间痛苦地徘徊，到了《中篇1或短篇4》，一对情侣妨碍了巡道人发现桥崩塌，造成交通断绝，从而使"叛徒"自杀后的幽灵，与他心爱的女子有机会见面。这是偶然，但是死与救赎，靠至爱成为必然——她找他"找了一万年"。

而到了《务虚笔记》中，必然性已经不依靠转世的神秘，而是靠无可逃避的悖论：母亲苦苦等待远走海外的丈夫，在老耄之年，母亲终于等到了误置多年的失踪父亲的信。信中说："一个非常偶然的原因，使我曾经没有上那条船……如果你们活着，或许你们终于能看到这封信，但那时我肯定一不再人间。这样，那个偶然的缘故就等于零了，我曾经还是上了那条船。"

满头白发等了一辈子的母亲,在晨露中看信,明白了那"等于零的偶然性"实际上也不存在:"当我看到了这封信时,那个偶然的原因才发生,才使你没有上那条船,才使你仍然活着,而在此之前,你已葬身海底几十年。"母亲此时才决定办离婚手续。这一段读来像文字游戏,实际上是全书许多苦恋的支持性悖论:导致苦难的事件是偶然的,生存的苦难却是必然的,那样,偶然性就没有影响命运的意义。

这部长篇每个人物名字只有一个字母,有的连字母都没有,因此人物的命运可以交换,的确在交换。这个到老年才彻悟必然的母亲,"可以是那段历史中任何母亲"。

在苦难的大海中,O的自杀使她成为是整部小说唯一得到解脱的人物。自杀作为解脱升华,在史铁生先前的作品中只是作为一种不可能之可能出现,一种生存的两难之境之结束。而在这部小说中,自杀是高尚道德的圆满化。在中国文学中,自杀从来没有得到如此壮美的描写。

O是用心灵去感应神性,而F医生,正如史铁生本人,想用理性证明神性的存在。他的医学论文"离题越来越远,甚至离医学也越来越远":他原是脑神经专家,却想求证灵魂的存在。因此,他的职称级别永远没有提升。追求多年后,F医生明白推理方法不可能,他开始对特异功能感兴趣,认为可能企及人类感官无法感知的维度。O听到他的希冀，一句话点明其虚妄："就算那是天堂，又怎么样呢？"

最后F医生明白他的追求本身就是目的：神性来自人们追求神性的过程，而不在于其终点。人世的苦难，不是上帝不存在的证明，相反，是上帝存在的条件，有苦难才可能有追寻，超越就在不必也不能达到目的追求之中。"（神的）仁慈在于，只要你往前走，他总是给你路。"

五、非功利神学

《务虚笔记》不是一部容易读，也不容易评价的小说，大量的思索和议论，使阅读并不轻松。但是它却是当代中国文化史思想史上最重要的著作之一。我想很多人试读过这本书，在茫然中半途而废。在平庸之作、装腔作势的文学充斥的今天中国文坛，它不仅是发聋振聩，而且是里程碑——《务虚笔记》是中国文学中，第一部真正的宗教哲理小说。此书至今受到的冷遇，并不是读者和批评界有意忽视史铁生，而是他们无法理解如此顶真的追求。

虽然史铁生一再提到"上帝"二字，但是他的悖论神学实际上最接近佛教，而不是基督教。小说中的理想人物，女教师O、医生F不是殉教圣者，而是在涅槃中得到超脱的觉者。

但全书只有一句话承认与佛教接近："O在生命的最

后一段时光,曾以百倍的虔诚参禅悟道,沉思玄想,仰望佛门。"这一短句,语言与全书风格不类。小说中,关于O以一死求超越的思想过程,写得非常生动,可以说是史铁生的悖论神学最动人的说明,但是史铁生从不直接提及佛理。上面这一句,就显得突兀孤立,缺少支持。

毕竟,史铁生未能全心全意认同任何一个宗教体系。就这个意义上说,《务虚笔记》是一个寻找神性却尚未能企及者的痛苦心灵记录。

可以说,从悖论中寻找上帝,依然是用理性的力量追寻上帝。而大部分宗教哲学家都同意,上帝存在于信仰之中,理性无法够及。描写信仰,比证明神性容易得多。

史铁生的这种困境也正是中国思想者集体的困境。儒家虽然被认为是具有某种超越性,却是以此世的政治秩序代替救赎,并没有从社会组织的伦理中超脱出来。在陆王心学中,神秘主义盛极一时。心学的取向,越来越接近佛教,儒佛合一的宗教,一时似乎有微弱希望。可惜清代与近代儒学,没有沿着超越方向发展。二十世纪现代新儒家的兴起,更推迟了中国文化圈佛儒综合的可能。

当然,这样讨论宗教的作用,本身就是太功利。史铁生如果看到此文,会非常反对我们用当今世界的经济竞赛,或者文化政治来埋解神性。应当看到,在功利层面上,我们也面对一个悖论,即是越汲汲于功利,政道就越是短视,治道就越难实现。

《务虚笔记》如果包含了一些切近的社会内容的话，就是对功利主义的尖锐批判：WR在仕途上出现一个难题——他要坚持自己的某个政治主张，就没法升官；他如果不升官，他的政治主张也就没有实际意义。小说没有说WR如何处理对这个政治两难，转过去写WR如何用手腕摆脱他真正爱的情人N。下文如何，就不言自明：没有超越的道义，一个人不可能对政治和爱情采用不同的方式。

但是在有一个问题上，现代中国知识分子大部分会毫无困难地赞同《务虚笔记》，那就是对中国社会草根层林林总总"现世宗教"的看法。小说多处描写了对现世甚至来世求报信仰的蔑视。甚至当F医生寻找尘世以外的世界，试图接近气功时，女教师O对天堂、乐土、净土的必要表示根本的怀疑，因为"神仙们也会在那里争来争去"。小说结尾对民间气功风水狂热的描写，完全否认它们作为一种寻求超越的可能途径。

从南北朝佛教与道教融合起，现在所谓"民间佛教"的现世宗教形态就开始出现，在中国历史上扮演了重要角色。民间佛教刺血写经、水陆道场、供佛斋食等等，仪式化和现世化倾向越来越明显。宋元之后，民间佛教往亚文化方向深入，发展出若干支脉，混合演变成无数依附于佛教的教派，其思想深入中国社会草根层次。在"科学昌明"的二十世纪后期，以"超科学"形态兴盛于海内外所有华人社会。

民间宗教与秘密宗教,有共同的特点,是适应地方特点转向多神,而且为人生的具体事务、生老病死,提供具体服务,并且为延年益寿、消病去灾,甚至为满足生子发财等非常具体的俗世愿望,提供许诺。因此,民间宗教与秘密宗教都是"现世佛教",超越性较低,某些教义与实践甚至与佛教的基本原则相违背。

既然《务虚笔记》强烈批判意识形态的功利性,对民间宗教的功利性,自然不能接受。F医生亲自考察了特异功能,认为的确有超越三维时空的功能。L诗人嘲弄F,却发觉他自己也希望"找到另一个时空";O却对此断然拒绝,她的拒绝并非基于科学,或基于常识,而是对神性的特殊理解:"要是有些人可以去天堂,有些人就只好留在人间,有些人必要去下地狱。"这就与有些人爬上去,有些人平庸,有些人受罪的现世没有什么不同。

O在这里,接近了史铁生在一篇散文中说得更加明确的一个悖论:佛祖不可能普度众生,但是佛祖必须普度众生才是佛祖。那么唯一的可能就是"众生度化了佛祖"。我想史铁生的意思是,众生的追寻,才造就了佛祖的神性。应当说,在这一点上,史铁生的理解与海德格等现代现象学哲学家对神性的理解相通。海德格认为上帝的概念只能是一个"质疑的过程"。史铁生本人从来就拒绝为医学无法治疗的瘫痪去朝佛。"不是不愿意忽然站了起来",而是

"佛门清静,凭一肚子委屈一迭账单还算什么朝拜?"在这点上,史铁生是个极为真诚的现代知识分子。

但是任何宗教的草根形态,不可能完全脱离功利,尤其是社会最下层群众的实际利益。基督教的兴起,就是因为它是"穷人的宗教"。宗教进入社会最无保障群众,不可避免带上比较多的功利性变通。

我想这是中国现代知识分子的一个重大困难。如果不接受一个外来的信仰的话,就会永远处于这个两难困境之中:中国民间有靠拢佛教的信仰崇拜,却缺乏宗教哲学,因此只能是准宗教;某些思路独特的中国知识分子,例如史铁生,有强烈宗教情怀,甚至精深的宗教哲学,却没有具体的宗教信仰。

这个困境在宋明就已出现。心学家虽然热衷于"夜论释儒之道",却一直警惕不至于离经叛道到"与吃菜事魔者等矣"。是否当时民间宗教的繁盛,反而阻止了士大夫接近宗教?证之以今日中国知识分子的心态,这完全有可能。

因此,《务虚笔记》全书的悲怆气氛,一方面来自尘世诸般苦,另一方面也来自超越追求的渺茫。O的自杀,一方面是极端孤独地与尘世诸种孽缘切断关系,另一方面却是不怀着天堂或来世希冀的了断。这样的自我消灭,在道德上最纯然,消灭了任何功利目的的痕迹。我称之为"圆寂",小说中却没有一个人物能作如此理解,甚至在思想上与O最接近的F医生,都没有能如此理解。不是因为他们悟性太低，而是因为史铁生笔下的O立意过高。

我想，这也解释了《务虚笔记》本身的命运：史铁生有意"拒绝平庸读者与自己的接近"。

但是，如果放长时间尺度——例如半个世纪、一个世纪，甚至更长——来估量中国文化的发展，这部被人忽略的长篇小说，就会以其卓绝独特的品格，立在世纪之交的地平线上，成为一柱标尺：这个有着悠久文明的民族，已经开始新的艰苦寻求。

一度好斜阳：追思吴方

其实我无法谬托吴方的知己，想为吴方写篇悼文，却总怀疑自己是否有资格。吴方的著作，我虽然读得不少，萍踪异乡，手头只有寥寥几篇复印件，无法给他的理论或文学成就做个总结。犹豫再三，想想不写也罢：吴方生前从未托我写什么，至今也没有哪位编辑向我征稿。忽忽然已经过去一年半，写悼文的理由越发不存在："时间早过了"。

每年都听到国内一二位学界或文坛大人物去世的消息，而且不久后就会有单位出面编纪念集之举，也常有被征稿的荣幸。坐下想想，却只是在某某年月听过一次课，或在某某会上听过一次演讲，我只是芸芸听众中的一个，沾到一点智慧的恩泽。就靠这些，也有资格列于凭吊者之中？

吴方绝对算不上任何等级的人物，也无人会编纪念集，也不存在治丧排第几位的问题。我给吴方写这么一篇太晚的文字，怕也不会有人责我僭越吧。

听到吴方的死讯，正是一九九五年夏天离京前一夜，记得是八月十六日。一个朋友借送我的由头，找了一些同行喝酒。文人聚会，气氛少不了欢快热烈，说话少不了放言高论。忽然从机场来了二位不速之客，严歌苓和她的丈夫Larry Walker。Larry曾在沈阳任美国领事多年，北方话说得油极了，声调准到能装傻，把妻子的名字叫出几种绝倒的声调变体，从"严格令"到"阉割令"，满堂为这个洋鬼子喝彩哄笑。

有一个人在我耳边说，下午吴方悬梁自尽。

我正在没命地大笑，突然刹车，一下子呛住了，惊得双眼发直。

"唉，安乐死的机会也不给一个！"旁边一位听见了，插上一句嘴，摇头叹息。显然他们早知道了这个消息。

我想追问一点情况，每个人给我介绍了几句，就被别人抢去了话头：作协党组正在提拔"跨世纪人才"，有的新领导几乎比在座人儿子的年龄还小，那个消息当然更吸引注意。酒是好酒，菜是好菜，客是好客，天下多的是有趣谈资。天下每秒钟都有人死去，在座的每一个人都会死去，谁也不能保证，死后人们会为他悲哀多长时间。葬礼还没有开始，夜还没有星移斗垂。吴方把绳圈套到脖子上的时候，如果想到朋友，恐怕是希望我们为他终于得到解脱击缶而歌吧。

我呛得气顺不过来,只好走到阳台上去。

一九九五年夏,我虽然是有思想准备而回。但整个中国忽然变成了一个特大市场,无时无地不在喧闹嚣腾尘土飞扬,依然给我猛烈的"文化震撼"。友人这个楼不高,看不远,但是朝哪个方向看都是熙熙攘攘有买有卖,赚钱的自由使举城若狂。而在这烈火油烹的"美好日子"中,若有些知识分子自愿杞人忧天,苦恼于责任感,当然只是应了堂吉珂德的雅谑。不过我那时突然落入的凄凉心境,与此无关,只是古老而浅薄的人世无常感慨。

我第一次听人郑重其事地说起吴方,却是一位知识界的人物说话。文化部文艺所办的《文艺研究》杂志,吴方在一九八八年底成为第四个副主编,到一九八九年秋天的大换班时,竟然还在。"这就是希望所在!"那位朋友以他特有的热情说道,"这就是证据:石缝里会长出树来"。

翻一下那几年的《文艺研究》,觉得吴方的留任,恐怕说不上是某个方面借此发出什么信号。这个表情沉重严峻的"大刊",八十年代的最后两年的确编得很不一样,文章短小而精彩:李锐论现代派,汪政、晓华论间距,陈晓明论拆除深度,蒋原伦提倡批评的攻击性。这些是不是吴方的"新政",我说不清。

但是那朋友眼睛中的希望之光,也使我朦朦胧胧产生了希望。我就把一篇论文《中国小说中的回旋分层》给了吴方。那个气候中，讨论形式问题也是犯忌。虽然吴方来信表示欣赏，刊出却是一年之后的事。一九九一年第四期该刊的正副主编名字全部消失。下一期就不再有吴方的名字。吴方后来说我的那篇是他做这个劳什子副主编签发的最后一篇文字。一九九二年，他在杂志已经辞了职，去文研所作清静的研究人员。又过了一年，他离开文化部，到语言学院任教。

我没有问他什么原因。如果吴方的留任是个小小的错位，他的去职恐怕不是。他并不是个激进的前锋，他只是一个诚实的知识分子。

一九九二年夏天我回北京做一年的研究，一时找不到地方，在东郊机场路的社科院研究生院招待所住了三个星期。北京太大，我熟悉的只有这个地方，下机场就奔这"老家"来了。三个星期中，肯长途跋涉来看我们的只有两个朋友：吴方与张颐武。吴方是自行车来自行车去，怎么说也不肯留下吃饭，顶着夏日中午的太阳骑车回去了。与张颐武在饭桌上谈谈笑笑是很快乐的事，一些北京开始流行的新的文化现象在他嘴里化成无穷笑料，时针在欢乐中跳动。与吴方简直是无言枯坐，碰巧，吴方读过我在一本地方杂志上写吴宓的小文字，于是我们大谈一顿吴宓。后来我读到吴方的书《世纪风铃》，才明白那不是碰巧。吴方是读几十卷书写一篇文章的人。他要写吴宓，就把所有关于吴宓的文字都看了,哪怕我那种破文字。他没有加以评论,顾我的面子。

一辈子不走运的吴宓,把我们首次见面的窘迫给救了。不知为什么,我现在每次想起吴方,就想起吴宓——耿直的北方汉子,黧黑的面目不像知识分子,做学问也像耕田一样执著,决不跟着时风转,错也错出个名堂。不巧的是,吴宓也是自杀身死。

《世纪风铃》的文风,曾经得到我的一位最挑剔的朋友无保留的赞美,那位朋友是周作人的隔代望门子弟,从来没有说过我的文字一句好话,他在吴方貌似平淡、实际上极为讲究的文体中,看到睿智的沉潜,和对人文精神的执著。

那年在京时间较长,又见过几次,在会议上,在私人集会上。一九九二年秋天,有几个会开得真是轰轰烈烈,听着有来头的话语惊四座,全场兴奋,第二天就传遍全城文化圈。吴方大部分时间都默不作声地坐在角落,脸无表情,不记得他发过言,好像纯是职务所需才来的。

倒不是他有先见之明,知道这一次,烧饼只会挂起来两面烤,不会有翻煎的好事。他只是天生不喜欢说话而已。有一次在研究美术史的朋友尚刚家小聚,《读书》的编辑吴斌温文尔雅,没有想到她的丈夫冯统一,竟然是个连相声演员都自愧弗如的幽默家。我们都听得笑神经不由控制,吴方更是只有坐在一边莞尔微笑的份。

听说吴方病倒，已是很晚，一九九五年初。一个来伦敦的朋友说的消息，说是癌症发现时，已经扩散，肿瘤已经在压迫脊柱神经，疼痛异常，化疗和理疗更加重痛苦。夏天我们准备回国一次，临走时顾晓阳来游历欧洲，带着健康得叫人惊奇的老母亲。顾又是一位京味语言大师，谈笑中生生活剥一系列如雷贯耳的名人。我说到吴方，他高兴地叫起来："老朋友，老同学，人大文学社的老战友！我早就带口信叫他务必坚持到我回去看他！"我说："行，再给你带一次口信。"心里却挺诧异，怎么木讷口拙的吴方，交的朋友一个比一个谈笑风生。

回到国内，就打电话给吴方的邻居兼好友尚刚，询问吴方什么时候回家——他是慢性病人，周末是能够从医院回家的。我们约好一个时间。尚刚建议我们别带鲜花什么的。"吴方是个本色人，带点水果还实在"。

过了几天，尚刚忽然来电话。他跟吴方说了我们将去看望他的事，不料吴方一听，竟是潸然泪下，要我们别去：不想让我们看到他的一副惨相。我听了极为惶惑：我们当然不愿意给他增加痛苦，但是他生病已久，北京文学界的朋友去看过他的不在少数，他们从未见到他情绪上如此反应。或许是因为我们远隔重洋，在他的心月中是特殊客人？

久居海外，偶尔回国作访客，到九十年代中期，情况已经不一样。同行的"怠慢点无所谓"，刊物的"何妨往后排排",出版社的"选题尚须报批",文艺界半官儿们的"小心一点不会错"等等。法国人说"远于目者远于心",中国人说"人走茶凉",本是人世常态。到一九九五年,我们碰到此类纯粹操作问题,早已经不再生气。像吴方这样,还把来客之远,作为情意殷切来想,而且竟然泪下,的确思想陈旧得少见。

不过当时,吴方的异常反应,弄得我们进退不得。思考再三,决定扛一个大西瓜和一堆水果,匆匆看望一下,就尽早撤退,免得大家挨窘。

吴方家至今仍住在东城一个狭窄的四合院,各种附加建筑早把院子变成了迷宫。吴方自己的房间,好像是防震棚时代的遗迹。坚持保存古城风貌的人,对大杂院情有独钟,不妨与吴方的孤寡换房。吴方的文化部第一大刊副主编——国务院的副处级干部——为官二年真是做得不怎么样。而且如今,要干部退下,大抵得升一级加一室,看来吴方的辞职也是白辞了。

有了精神准备,吴方的外貌巨变,没有使我们过分吃惊——死神已经在他脸上抹了重重蜡黄的粉彩,脸颊深陷,颈上皮肤挂成条。他身子已经很单薄,虽然穿着白色的单布衫裤,看得出只剩一把骨头,歪斜地瘫坐在一张单沙发上。"房间"很小,唯一的一张椅子我坐了,尚刚只能坐在门口的小板凳上。吴方的妻子和孩子都出去购物了,不知是正巧还是有意安排。

该是我们询问病情,并且安慰打气一番,用我们对晚期癌症的藐视,来帮助他战胜疾病。吴方却不等我们开口,立即谈起香港中文大学出版的《二十一世纪》上我那篇《"后学"与新保守主义》,徐贲论所谓"第三世界理论"的文章,以及续后各期上张颐武、郑敏、许记霖等人理直气壮地反驳,还有我简短的回应。每一篇文字,他都记得清清楚楚。我着实吃了一惊:我们在京近二个月,见到文学界理论界不少朋友,无人谈起这场争论,哪怕一些被我"点了名"的朋友,都绝口不谈此事。起先我以为是他们给我面子,不便当面指斥。后来才明白,好多人听说而已,没去找原文来读。朋友相聚,这题目也太无趣。

吴方滔滔不绝地谈起来。我们三人交换了一下眼色:太好了,原因虽然不明,预想的尴尬场面却没有出现。吴方的话音,比以前更轻,脸上不时有异样的表情,陷在沙发里的身体时不时动一下,看来疼得厉害。但我们都明白,减少他的痛苦的最好办法是让他谈下去。

我知道,吴方是不会同意我的观点的。按我的标准来看,吴方就是属于我说的"保守主义者"。这个词,应当是个夸奖,至少比"激进主义者"强多了——他自己在好几篇文字中直认"保守"而不讳。

吴方在八十年代是先锋文学与新理论方法的热情辩护者,他的一系列文章至今在被人引用。到八十年代末,他却避开当今，转向文学史。一九九二年结集于《世纪风铃》中的各篇文字，都是对吴宓、梅光迪、周作人、陈寅恪等为学为人的击节赞美；此后他的研究更向前推，转向晚清人物，从章太炎、王国维，说到一生经营商务印书馆的张元济。就吴方个人而言，是他自己选择的课题，就整个学术界的趋向来看，我有十足的理由说他是新保守主义思潮的一个"份子"。

但吴方却不是跟潮流走的人。他写的那本《仁智的山水：张元济传》的内容提要，说张元济从官场转向出版业，"此一选择，未始不是明智的，脱俗的。这使他得以避免历史的种种是非恩怨，既非庸碌无为又非风云人物，既未陷身于历史的某种虚幻之境，又不像'舞台'上的匆匆过客"。

而吴方对"张元济式"文化人的钦佩，不着眼于其"历史贡献"，讲究的是他们的人生境界："这样一种'存在'的意义，似乎很令人回味。当然回过头去看，也是人生不易到之处。"

我可以打赌，这内容提要是吴方自己写的。文笔之从容优雅，国内同辈中很少人有此手笔，尚在其次。明显这是吴方在写自己，而不是在写一个收敛锋芒甘心做实事的文化人。世纪末中国文化人的心路历程，往往要到世纪初去找，二十世纪的中轴对称，一至于此。

甚至，从当代文学研究转回世纪初，在吴方来说，只是眼光投向的变化，他的立场没有随世风而转动。一九八八年刊在《北京文学》上那篇妙文《论矫情》，历数了当时几篇把文坛震得大摇大晃的名作，"很像天赋甚高的少年人在人面前说话，虽然有锐气，但说话的调门往往过高"。吴方的评文论世，待己待人，可以说是一以贯之。

我的性格可以说与吴方正相反，但是我欣赏任何一以贯之的人，在今日，这是尤其难得的人品。

那天吴方批评我的观点，还是很小心地选择字眼，不是因为人之将死，其言也善。吴方做人一向为别人想得太多，我倒是很希望他直接指责，那篇文字反正已经给我添了不少论敌，何不让吴方痛快地臭骂一顿。他的思路极为连贯，简直无法插进任何话。我这当事人大都只是点头称善，不是尊重一个面临死亡的朋友，而是我明白那种争论不是是非问题，而是观察角度，或者说，批评立场。我本来就转变不了任何人的角度，何不让吴方贯彻始终。

吴方真的说高兴了，忽然开始臧否人物，一个个地讥评当时批评界风头正健的人物。我从来没有见到他如此放言无忌。每个能迫使同行注意的人物，我觉得必然有特别的长处，"风头"本身，不应当受指责。但是我同意吴方的一个观点：弄文学艺术，不管是理论还是创作，不能太聪明，得有点儿傻气。这个世界各行各业都需要聪明人物，要把文学做到"人生不易到达"的境界，聪明却是很碍事的。

我至今纳闷,一个肿瘤已扩散到脊椎,压迫着神经中枢的临危病人,要靠不断服用强剂止痛药才能勉强坐起一会儿,他哪来的闲心关心这种文化界大部分人都不愿意听一下想一下的问题?或许平时他在病床上消遣的读物,竟是这种枯燥的文化讨论?

不管怎么说,吴方的"反常"热情出乎我们意料,但也让我们非常高兴。我的文章如果"触到"了吴方的"痛处",转移了他的感觉兴奋灶。尚刚说,吴方病了近两年,从来没有见到他那天谈兴之高,实际上,以前几年我也没有见到过。可能这次见面是我那篇惹祸的文字做到的唯一好事。

"回光返照",我突然想。一个依然充满智慧的头脑,依然在活跃地思考,危乎哉地顶在一个朽败的身体之上,还不得不跟着身体一起烧成灰烬,世上有比这更大的悲哀吗?

那天只有一次,吴方说起他的住院。"我看到从郊区远远赶来的农民,随便给人打一针止痛药,就让人家回老家等死,根本不给治!不过真也没法:进口的治癌药,一针五千!我刚到语言学院没几天,学校对我算是大方的"。看来吴方老记住别人好处的习惯没有变。"隔壁病床,就因为单位付不起这针药,去了"。

或许这医疗巨款对吴方的折磨,比在他内脏的乱钻的癌细胞更甚。他天生是个无法心安理得地享受比别人更高待遇的人。这样的人，现在真是凤毛麟角，大部分人总是在抱怨招待等级不够。人心不古，有权者做的榜样太糟。

我甚至怀疑，他明白这是个不治之症，不想再继续白花公家的钱，可能是他提前结束自己生命的一个重要原因。不一定是崇高的利他主义，我想这是中国读书人的旧道德，不愿暴殄天物。

坐听吴方畅论，不知不觉地过了一个多小时，我们很不安，本想只坐几分钟，尚刚早就警告我们不能超过二十分钟。但是吴方不让我们走，他看来还真希望聊下去，谈这个所有健康的理论家们都认为太迂腐的题目——中国文化。

临走，我们说过两个星期再去看他。

像大部分这种承诺一样，很难信守。虽然我总在想，什么时候到医院去一次，一直到这最后一夜，还是没有去。心里倒是想起的，只好说离京后写封信给他吧。不料就在这个时候听到他自杀的消息。

据说他临死前很平静，把家里人打发出去，打了几个电话处理一些小事，接电话的人都说声音极为平静，没有任何情绪波动的征象。死对他来说并不可怕。最后他了打个电话给正在给他编最近一些文章的冯统一，说他决定了书名：《斜阳系缆》。

这个书名极不祥。家里，医院里，都取消了他任何死得舒服的可能，只有这个小小的改良防震棚，还有屋梁可系一缆。

半醉的晚会还在喧闹，阳台上仿佛可以看到东四十条立交桥，已经安静下来。我听见背后传来自行车铃声。那种熟，不用下车，捏一下车闸摆一下龙头就够了。我知道那肯定是吴方，我倒想知道他匆匆上哪里，这么晚了，离家而去的方向。于是我转过头来。

真理让女人走开

性别批评，早期称为女性主义批评，从上世纪八十年代占领中国文学批评，到本世纪初，据说已经成为文学/文化论文关键词的首选。文字成山成海，理论却没有多少进展，让人每拿起一本书，就觉得山重水复疑无路，柳暗花明又一村；新村里住着新评家，重复在说旧理论。

我这话说得太刻薄，想到自己的性别，拿笔的手不得不打颤，但也许有人能写出新意呢？也许有人找到新的论述方式呢？

果不其然。我们面对的是王琳写的这本性别文论批评（《真理缝隙中的生存：当代文学中的女性形象》，中国社会科学出版社，二〇一〇年），会不会是又一本女性主义理论的另一次重述？读一下就明白不是如此，王琳不沉醉于理论，她细读文本；我们熟悉的当代文学经典，半个世纪的中国文学名著，她在字里行间找出了一些被压扁走形的人物，（不）巧的是，这些名著都是男作家所作，而被压扁的都是女性人物。

读了之后,我首先怀疑是王琳有意挑一些"男性沙文主义"作品,但放下书细想,想不出几本"男性非沙文"的书。这就叫人不得不佩服王琳的批评眼光了。

为什么男性作家笔下的男性人物,都像拿破仑的大将沙文?因为他们肩负着历史任务,用火,用剑,用语汇信条,用政策文件,用拔邪反正的理念,用伸张人性的正气,用树立"人的尊严"的勇气,一句话,他们肩负的历史任务,来宣扬真理。如果没有真理可说,这些小说就不携带意义,而不携带意义就不能叫叙述,历史或小说就都烟消云散。一句话,既然是小说,既然是名著,它们必然携带历史性的意义。

这些书中说的意义,王琳称作"宏大叙事"。这当然从西方输入的术语,但是在中国现当代文学的具体语境下,这些所谓的"宏大叙述",步伐惊人的整齐。我们可以谅解地说,这些宏大叙述都是"误笔"(misrepresentation):可以说五六十年代写农民如何向往合作化,是乌托邦误笔;可以说"新时期"写知识分子心灵解放,是神话误笔;可以说八九十年代重写家族史重新树立族长式人物威严,是保守化误笔。但是如何解释当代文学史有那么多误笔,不仅永远在误笔中前进,而且步伐整齐简直如阅兵式。只可能有一个解释:这些小说(还有书后的隐指作者),不经意间听到了历史的鼓点,而且不自觉(说他们自觉未免侮辱作者人格）踩准了步子。谁也没有要求他们齐步走，但中国作家的"历史承担"感是如此强烈，以至于没有什么作品能步出这个追求真理的洪流之外，能够对追求真理的持续狂热采用一种审视的眼光。

我想有一种人是站到这个同一式思维的洪流之外看问题的，因为这个洪流，整体地压扁了一种人，这种人明显地承担不起真理的重负。王琳指出：那就是女人。女人与真理无关，所以应该被压得变形，排除在外，从左道旁门出入的落后分子。王琳发现只有部分女性可以有豁免权，有"被引导权"：年轻女子，可恋爱但不能结婚，甚至都在二十四岁下。其他妇女概莫能外，只能谦逊地给真理让开大路，如果被真理嘲弄也是咎由自取。

这样一来，女人落在中国文学而宏大叙事的轨迹之外。他们是被牺牲者，但是王琳的书反而给了她们一种特殊地位：站到真理的宏大潮流之外的地位。巴尔特在《符号学原理》中说，在任何一个层次无法解释自身，只有在升到这个层次之上才能解释这个层次。但是是不是必须站在层次之上才能看清此层次，如神看清人世？我个人认为：只要能站在一个体系之外，就能保持审视距离：之上，之外，之下，都有可能获得这个距离。

王琳的书用令人信服的分析证明了，被"历史"强大的因果序列推开的人物，无法猜对整齐步伐的人，最主要的就是女性。真理可以千变万化，历史可以千折百回，女性总是在外。既然站在真理边缘，女性往往获得了必要的批评距离：被真理推开，使女性不必限于历史恐怖的吸纳引力圈中。

这不是空谈，不是玄言。王琳用细致的分析指出，在革命历史叙述中，女性气质往往被等同于小资气质，也就是不革命气质；丧失贞操的女性，往往被认为不洁，也就是非革命的品质；已经有家有小的女性当不好农村干部，难以"男性化"，也就无法把村民带上合作化的金光大道。而当知识分子要如一个人一般站起来时，就要女性做存托，做自我实现自我欣赏恢复阳刚自信的对应物。

这是对女性的侮辱吗？恰恰相反，在中国现当代这部沉重的真理史中，被边缘，也被豁免了。一句话，女人用自己的琐碎，自己的"婆婆妈妈"，自己的不明大局，证明了自己在历史回顾中的优越。从她们身上，我们看到了这个步履沉重的巨大队列之盲目。在宏大叙述的不断误读之外，女性的"小叙述"点出了历史的真实脉络。

因此，王琳写出的是女性的有利地位：如果说这些只是女性人物，有身份而无主体，如果小说中的女性人物，永远留在小说世界中，不可能自觉到这一点，那么现在王琳的批评把她们集合到一个主体意识之中。

这就是为什么我说这本书与那么多女性主义书籍之不同：作者不只是在说男性作家的性别歧视，不只是在说宏大叙述借历史之名雅致女性意识，不只是说女性式被牺牲者，相反，王琳指出这些"真理"之非真理，这本书的主题是女性落入的特殊地位：被排斥于真理之外从而能审视真理的真理。说得直白一些：如果众多现代史上人人在犯错误，女性至少犯得少些，离得远些，因为她们没有那么自觉地跟着走。

而且，与她分析的人物类似，王琳说她写这本书的缘由"是经验型的，而非纯学术的"。这本书的宝贵正在于此：研究立场永远应当是个别的，在这本书的写作中又是女性的。"性别个体经验"比"纯学术"更为有力，出乎其外才能抓准要害。

性别经验不能被另一种性别证实，却可以被同一种性别证伪。在真理外衣之下的男性学术看不见的地方，王琳给我们看这些气势轩昂的叙述留下的猥琐和盲目。

一门新学科的诞生

陆正兰《歌词学》（中国社会科学出版社，二〇〇七年）一书，应当让每个关心当代文化的人眼前一亮。

歌词研究在中国是一门至今没有出生证的科目，寄生在诗歌研究和音乐研究之间。中国古代歌词，作为古代诗歌的一部分，一直受到学界高度重视，而与新诗分途很明显的中国现当代歌词研究，相比之下颇受冷落。任何大学中文系没有这个课，饱读诗书的学者们认为歌词没有什么名堂可论说，更没有理论可发展。虽然在今日，无论东方西方，歌曲是文化生活中的极重大的内容，是当代艺术中极繁荣的门类，唱片公司也是文化产业的支柱之一。

尽管每年的歌曲产值巨大，歌星的形象无处不在，也尽管歌词是大部分人接触的唯一诗体文学，但这都是学院外的事，学院可以照样熟视无睹。学院惰性，使学科更新经常过于缓慢，跟不上时代。如果连西方人也还没有创立这样一门学科，中国学界就更会心存有犹疑。结果顶真的学问无人问津，该开展的研究无人去做。

因此当我们看到陆正兰严肃地、周密地搭建一门新学科，并严肃给予命名，我们不得不敬佩她的学术胆量、创新勇气。她看到社会的需要、文化的需要，让研究面对现实，这种精神正是我们学术界所缺乏的。歌词学虽然是一个全新学科，《歌词学》这本书却写得非常严谨，的确提供了一个可用的理论框架。

此书由文体学与文化学两个部分组成：文体学注重形式，研究内在特征，这部分提出的一系列歌词特殊结构方式，使人耳目一新；文化学部分参照并发展了西方马克思主义各学派对大众文化的研究，提出"歌众"概念：歌曲的接收者与其他艺术门类的接受者——读者，听众，观众——有本质不同。文学的传达过程是到读者阐释为止，歌曲的接受却要积极得多：歌的最后目的是让"歌众"传唱，让大众借歌来抒发他们自己的个人之情，只有传唱才能完成歌曲生产的整个流程。歌词创作，虽然只是歌曲生产和传达流程的第一环节，却已经落在"意图循环"之中，不得不把歌众自己的感情需要考虑在内。歌众，作为一个不同于其他表意行为的"特殊他者"，是歌词研究的关键之关键。

目前国内见到的大部分"歌词写作法"著作是照搬诗歌研究的框架，这些作者往往只指出歌词是"平易"、"流畅"、"浅白"的诗。这样的研究，只是影子的影子，没有找到研究对象的独立意义，没有在所谓"普世的"理论中找出学科的特殊性，自然也只会得出歌词没有特别研究价值的结论。

陆正兰的《歌词学》，却不然，她提出了一系列只适用于歌词的理论见解，例如，她认为歌词的基本结构方式是"呼应"，而诗却不一定有呼与应的内部结构；例如，她提出歌词中多样语言杂出，形成各种超越语言的"**姿势**"，这就跳出了简单的表达感情或内在模仿理论；再如，她提出歌词与诗的根本区别在于"下潜到深入无意识"的途径不同，这些创新的观点使这本书读起来十分新颖有趣，令人深思。

应当说，陆正兰《歌词学》一书提出的这些见解，歌词研究之外的人也会感兴趣，因为它们对于理解人类文化各种现象都有启发。

超越比喻的比喻

我与藏策从无一面之雅,甚至不知道他在哪个大学任教,但是他的文字却很早就拜读,十分赞赏。他的"超隐喻"思想,一直让我沉思,经常有所联想。现在藏策的文集出版(《超隐喻与话语流变》,天津人民出版社,二〇〇六年),我借此机会说说我理解的"超隐喻"。

什么是隐喻?隐喻就是一种特殊的符号,其能指有两个所指——一个字面的,一个喻旨的。例如皇帝的袍子,上面绣了龙的图纹,第一所指是一种神话中的动物,这种动物并不存在,第二所指是至高无上的皇权。这两个所指之间的关联,使比喻分成很多类:明喻,隐喻,提喻,转喻,象征,双关,暗指等等。我这里说的是最宽泛的定义,所有这些分类,都可以说是隐喻的变体。

西语Metaphor,既是总称"比喻",又是小类"隐喻",本来就乱,无怪中文译名更加混乱。我们抛开西语不谈,中文里,总称应该为"隐喻",而不叫"比喻",不是因为修辞学或符号学书上说的,隐喻不用相似词,"喻"而"隐"之,而是因为使用者大多并不感觉他们是在"一物比一物"。臣子口称天子,并不觉得天子是个隐喻代称;大臣伏呼"陛下",并没有觉得这是转喻;太监声声"老佛爷",并没有觉得这个比喻不伦不类;小民高呼"万岁",不觉得万岁是个不可能的提喻。这些词自然而然指至高无上的统治者,喻指行为本身被隐藏起来。如果隐藏的原因是"天理人伦"之类,一个隐喻就变成"超隐喻"。藏策已经解释得很清楚:"其构成不容置疑不可追问"。

因此,我认为"超隐喻"这个术语,起得太好。我试用轶事来俗讲一下:史传朱元璋让封王的王子,在一排溜儿高僧中自己挑一个带走,给他们诵经荐福。高僧们个个想攀王子以求富贵,燕王朱棣走过道衍(姚广孝)跟前,道衍轻声说:"我给殿下一个礼物,一顶白帽子。"朱棣吓了一跳,赶快指斥并且走开,但是最终还是经不住诱惑,把道衍请到大都。以下的事情大家都知道:没有道衍这个拆字破解隐喻,就没有今天的北京天津,藏策兄也就要另谋高就。那么朱棣何必吓一跳?因为超隐喻是不能点穿,不能"说白"的。一旦说"白",就要出大事——因为隐喻的"不可追问",天法自然,受到了破坏。

那么使用者隐喻心里明白吗?连半文盲朱棣都明白道衍何所指,何况他人?这时用不到引《诗经》"丕顯成康,上帝是皇";用不到用《说文解字》订正"皇,从自(始)

从王",只消明白"普天之下,莫非皇土"这条天理就行了。

超隐喻起作用的关键,在于"不能说穿"。中国古人,一步不差事事遵循儒家伦理条规的,绝对不会是大多数:如果是多数,就不用大力推行,童蒙训练,一生苦读了。所以我赞同"知难行易":行为上不遵循超隐喻,违规者之多,罄竹难书,书上也懒得记录,叹一声"人心不古"就算了,意识形态比法律更不能责众。但是敢点破超隐喻,说出写出"不以孔子之是非为是非"的,两千年只有李贽一个人。超隐喻只能用喻,不能点"隐"。隐,实为语言之隐,文字之隐,这个文本间性,恰好是言说的禁忌区。

超隐喻这个概念,比利奥塔的"元叙述"或"宏大叙述",比德里达的"逻各斯中心",都清楚明白,植根于中国语言的历史,更适合中国文化,很值得好好深思展开。既然西方的拼音文字,系词,名词变格,导致西方一连串的理论症结,那么中国的"指事会意"文字,每个字包含隐喻,就应当催生自己的理论。藏策在本书中,把他的理论用于楚辞分析、摄影分析、小说分析、社会分析,我读后大感过瘾。尤其是对"现实主义"这个当代超隐喻的细细剖析,非常到位,如他自己所说,"得心应手"。

但是我还想多看到一些论述,这个题目,值得再做更深入的论述。因为,我非常同意藏策说的,"没有必要跟在各领西方风骚三五年的主义疲于奔命"。只要借用成果搭起台,我们中国理论家会有自己的产品。

爬行的身体能飞翔

对于二十世纪上半期中国文学中的身体问题,李自芬这本书(《现代性体验与身份认同:中国现代小说的身体叙事研究》,巴蜀书社,二〇〇九年)是第一本系统的讨论,值得好好一读。

人与动物相同的地方,是有个各种器官复杂地组合起来的身体。各物种之间这些器官惊人地相似,最近还发现某些能够互换。文明人追求意义,靠的不仅是这些器官,而是一个常被称作"灵魂"的无形无体的神秘物。中国文明有五千年历史,中国人的灵魂历史也就如此久远。

麻烦在于,一百年前中国人久远的灵魂遇到了危机——现代性入侵的危机,而且这个危机采取了特殊的形式:不是比灵魂(不管是道德能力还是意义能力),而是比身体,包括武器这种身体的延伸。现代化问题,对中国一直是个灾难,一场令人羞辱的斗争,中国人被迫参加一场不按中国游戏规则进行的比赛。

李自芬在书中说:"对于中国人来说,'现代'意味着被放逐被抛弃,无家可归感更甚于获得了自由的欢欣,因此,他们急切地要寻找生命可以依托之地。这一点跟西方现代性生成之初的欣欣向荣之景——人对自我的无限肯定和希望——构成本质上的差异。"这一段总结非常精彩,生命可以依托之地,在现代世界就是自我,自我的肉身。被迫发现肉身的重要,对中国人来说是很不愉快的经验。从李自芬讨论的数量巨大的中国文学作品来看,这种不愉快一直延续了下来:中国人始终不知道如何安放中国身体。中国现代文学的一个明显特色,就是对身体不愉快的感觉,以及最后不得不做的不愉快处置:中国文学自始至终没有逃脱这种身体悲剧感。

灵魂寻找意义,意义就是人生的追求,意义也反过来构成我们的灵魂:灵魂实际上是我们寻找意义的结果。在这个逻辑上循环往复的运动中,中国人制造自己的文化:中国传统文化实际上是自我复制的"精神财富"的巨大堆集。人仰天寻找吾生之前的造物,俯首思索吾生之后的归宿,然后转过头来看到此生。但是人的此生存在的意义,与生前身后不同,它有一个非常结结实实无法摆脱的能指,那就是我们的肉身,它时时刻刻在给我们感觉刺激。

"形而上者为之道,形而下者谓之器"。人的肉身绝对是形而下之物,只有"器"的存在。这个肉身不需要"我思"才能存在,相反,"我思"明显是这个身体向外的延伸，是这个身体具备的一种能力。这点很容易证明：肉身的病痛与障碍，可以让我们寻找意义的活动立即停止；肉身的欲望和需要，也严重地影响我们在意义追求中关注的方向。这个明显的事实，要到现代性开始形成，人们才注意到。而中国人被迫接受现代性，也就是被迫接受一系列形而下器具的重要性，尤其是身体的重要性。

李自芬引用了一张清末留日学生的"自治要训"，竟然全是吐痰、公共场合大声说话之类如何处理自己身体的规定，而这些规定大致来自欧美，日本人采纳较早而已。李自芬感叹道："其间夹杂这多少对自己身体的不安，惶惑，与自卑自怯"。其实一个世纪后，今天依然如此：中国旅行者到西方，让人侧目的"恶习"依然是这些。中国人到世界上，在处置身体上几乎是动辄得咎。

于是身体成为意义的新的集中点：李自芬列举了中国现代文学对身体的一系列关注方式：传统中国是个病相身体，患病成了从晚清到"五四"文学指责传统的最富于刺激的隐喻；民族革命必须从改造身体始，但是更容易的做法是找出内部的敌人，找出敌人身体的乱象（例如丑陋）并且消灭之，使民族革命的身体解除他者的负担；但是革命的身体又不得不承载过多的意义，于是另一些不太革命的作家（例如新感觉派和张爱玲），回到处在日常琐事中的身体，回到身体凡俗欲望的细节描写。如何处置身体，成为二十世纪上半期中国文学无法解决的难题。

很悖论的，这个问题的解决，不是靠文学家的再现，不是把身体作为现代化的象征，而是靠干脆放弃身体作为象征，而是回归身体的形而下方面，回到身体的原始物欲状态。这样的身体不成其为追寻意义的出发点和动力源：身体书写在中国之中没有一个立足点，身体始终不知道如何在中国文学中安放自己，更清楚地说：身体本身，始终未能成为现代中国文学中意义追寻的出发点。

身体作为现代性的寓所，只是一种感觉，一个比喻，但是过度的关注，也会把形而下变成意义的归结：身体变成自为之物，变成意义追求的终点。中国现代性成为中国人如何控制自己的身体这个复杂能指的方式。到今天，中国的现代经济所取得的成就，都在满足人的身体的形而下需求上。从国人对房子装修的讲究，对餐馆旅社奢华的追求，对高尔夫等"优雅"运动的崇敬，对脑白金等"长寿保健品"的信任，都证明：身体的舒适与享受，肉身本身的延续，成为现代化在中国人生活中引发的最大变化。每天早晨晚上，全国大中小城市的居民，自动集合在广场上做各种健身操，跳一些小学生式的健身舞。其场面之大，人数之多，真是一场无人发动的全民"完善身体"运动，构成全世界独一无二令人惊叹的景观。

中国现代文学中表现的身体，是把它视为意义追寻的出发点，是让中国人能够勇猛一跃，够及现代性，把握现代性。中国人现在关心身体，因为把身体当作不带有追寻意义目的的健康器具。当代中国文学艺术中对身体的犬儒主义，或是放纵的虚无主义，并不说明中国文学克服了二十世纪上半期对身体无所安放的困局，相反，是取消了这个问题：当身体真正回复为形而下之物，失去了象征维度，灵魂将爬行在地，意义追寻就被放弃。

在这个时候，读李自芬关于二十世纪上半期中国文学对身体左右为难的痛苦，我们是应当为自己欣慰呢？还是为自己的麻木感到失落呢？即使对待身体的过于实际态度只是"庶民"的思想与行为方式，现在的思想者还有自己独立的声音吗？即使偶尔有，他们还在幻想中，或是在艺术中，追寻身体的意义吗？

小聪明主义:从西方诗说到当代中国诗

早在一九七六年,林以亮就荟萃名家名译在香港出版了一部小型的《美国诗选》,上世纪末本世纪初马永波又独自译出了规模更为宏大的《当代美国诗人:一九四〇年后的美国诗歌》、《一九七〇后的美国诗歌》和《一九五〇后的美国诗歌:革新者和局外人》,在大陆连续出版。

翻译一本诗集,首先要选出一本诗集。翻译美国人自己编的诗集,或是用几本选集凑一本译诗集,是不妥的,编选者应当明白:在英文中读来漂亮的诗,不一定适合翻译。

一九八一年我得到富布赖特研究奖,有机会把美国主要大学的图书馆跑了一圈,主要工作是为《远游的诗神》一书收集材料。但是我要找出与中国有关的诗,就必须尽量多读诗。也只有读诗的快乐,才冲淡了写书研究的枯燥。所以最后《远游的诗神》与《美国现代诗选》是同时完成的。应当说,这工作给了我无穷的乐趣。我倒是很希望有机会再做一本，毕竟三十年过去了。

这本诗集的出版还有点故事：一九八三年我从美国回到国内定居，当时绿原先生是人民文学出版社社长，他计划编国内第一套《苏联现代诗选》与《美国现代诗选》，方法是邀请两批专家，先讨论选人选题，然后分头翻译。《苏联现代诗选》由高莽等合作选译而成；《美国现代诗选》可能正要开会，正巧我装订整齐的上千页手稿到了绿原手上，他立即取消了原计划，改出我这本集子。从编辑角度着想，一本现成的稿子，当然胜过一打计划。绿原先生对"年轻人"的信任，在当时的确了不起，为此事我也隐约听到过一些莫名其妙的背后话。当时的最大反对意见是：一个人翻译，有可能风格雷同。其实翻译家的最大本领，就是泯灭自己的固有风格，让中文获得足够弹性，紧跟原作，我想我大致做到了这一点：肯明斯像肯明斯，金斯堡像金斯堡。

《美国现代诗选》的面貌之所以如此，是否仍然包含了对某些压力和顾虑的妥协，"你想问我有没有感到政治压力？说实话，没有"。绿原先生没有要我去掉任何一首。那么我在编选时有没有故意挑"政治上保险"的诗？也没有。美国诗人中恐怕真有"反动派"：保守主义者如艾略特，孤立主义者如杰佛斯，反犹主义者如庞德；但是反动诗歌，我还真没有读到过。把诗写得革命或反动，恐怕是中国特色。

或许你想问是否去掉了"色情"的诗？那时候中国还

是个清教国家,也没有此种考虑,原因一样:诗中如果能写出情色,会非常美。中国九十年代后期"下半身写作",美国八十年代前就有,称作"Under the Belt"。好诗写什么都好。

记得董衡巽老师曾经对我感叹,他翻译海明威《老人与海》,觉得真是不容易:必须费尽心机躲开前面几个译本的遣词用句,第一个译者真是好福气。董先生的苦恼,我也有同感,有的时候不得不伤脑筋,为避嫌而另换一种说法。所以裘小龙想必译得比我苦,谁想再译,更苦。我读到过几种《荒原》中译本的比较论文,我的译本也忝列其中;我想或许这些研究者没有想到董衡巽先生指出的这一层苦心。不过,据说现在有的"翻译家"批量制造翻译,用几个译本凑一个新本子,哪怕手边备一本原文,也只是"参考"。我只能说:八十年代无此事。

中国当代文学一直缺少重智主义,中国小说很滥情,中国诗更是如此。现代小说家中,钱钟书是个异数;现代诗人中,卞之琳、穆旦等人,能把智性写得很美,所以他们先验地有"位在"(positioning)条件,能够接受艾略特、燕卜苏、奥登等人的影响。

诗学首先是感性的,诗人不应当是大学问家。我简单地说一说美国诗人感到的"中国式特点"。首先是断句:欧洲语言传统是连绵的,这与印欧曲折语有关。普鲁斯特《忆华年》那种连绵长句,有时一句长达一页。我在伯克利攻读比较文学时，硬着头皮读得实在冒火，法语文学教授却击节长咏，赞叹说"太美了"。C. K. Scott-Moncrieff著名的英译本努力保持这种风格，也赢得不少英语读者赞叹。散文如此，浪漫主义的维多利亚诗歌也是如此。中文绝对不能容忍这样的长句，翻译欧洲语言，第一个要学会的本领就是切断。美国现代诗与十九世纪诗歌的一个重要风格差异是断句，放弃长句，采用并置。没有中国诗的影响，美国诗人会走上这条路吗？我想会的。只是"中华诗歌帝国"给了他们一个好榜样，或者说一个好理由。

第二是"低调陈述"。西方诗歌从源头上起，就是夸饰的，高亢的，感伤的"高调陈述"，有一分说十分；中国诗，因为各种原因（句子短是个形式因素），有一种克制之美，有十分讲一分，风格"接近骨头"（庞德语），这就非常符合现代诗的"反讽"基调。中国诗在英语中读来"非常现代"，其实在中文中也应如此，只是我们过于熟读中文，感觉不到这个形式特征了。

在这两个关键点上，庞德都没有误读，他这种语言敏感非常天才。后来，庞德为此从汉字构成中寻找诗学根据，是搞错了方向，但是他事先确定的目标是对的。

《诗神远游》堪称中国比较文学史上"影响研究"的典范。然而此书却是对一本旧著的扩编重写。一九八四年在四川人民出版社出版《远游的诗神》，那本书引得很少，错排的地方较多，比如好几个地方把"庞德"排成"宠德"。

二〇〇四年上海译文出版社重版，只是加了一章十九世纪中国诗在美国的影响作为背景，另有一章美国华裔诗人作为传播中介，文字做了一些整理，观点没有任何变化。

钟玲和叶维廉都比我先行。可能因为他们的著作在大陆出版较晚，你才觉得我做得早。我一九八一年到美国，首先就读到他们在台湾《中外文学》杂志上的文字。台湾学者比大陆学者先到西方，他们先接触这方面材料。这些材料不是秘籍轶文，他们的研究对我当然启发极大。我的研究，唯一可以说不同的，是收集材料之广：我走遍了保存这些诗人档案材料的图书馆，例如芝加哥大学图书馆的《诗刊》编辑部档案，其中有大量私人通信，从来没有发表过。我可以说，中国的西方文学研究，恐怕没有人做到像我这样依靠"第一手材料"。八十年代初我还年轻，做事讲究一个"彻底"（exhaustive），精力集中，效率也高。现在恐怕难了。

我在《当下诗眼前禅》的《语误》、《读者》、《意义》等篇中反复强调，"文学充满了语误，作品让作者和读者乐不释手，就是坚持从头到尾把话说错"、"读诗者不是在读别人的诗，而是想读自己的诗，或者说，在诗中找到自己的声音"、"诗的意义悬搁而不落实，许诺而不兑现"，"诗给我们的不是意义，而只是一种意义之可能"，我不后悔说了这话。读者反应论（就是说，一切意义取决于读者的理解）说的是任何作品，我说的是好诗的文本特点：一首好诗必须是一个谜语,字面好像有个意思,字没有写到的地方(所谓文本的缺场之处),却躲藏着别的意思。那些意思只是可能,能否读得出来,能否感觉其存在,全看缘分。既然诗是谜语,诗应当写得聪明,有灵气——谜面迷人,谜底似有若无不可捉摸。这实际上就是禅的境界。

当今出色的诗人太多了,我在这里列举是要得罪人的,因为总会有遗漏。让我今天干脆不提已经成名的诗人,他们的作品有人关注。我特别注意六十年代初出生的一代:他们经历过文革,见到过世间万般苦;但是又不会深陷其中,不去呼天抢地。我下面列举的每个诗人,都值得好好读,但是都并非完美,不过"完美"的诗人恐怕很无趣。

安徽诗人陈先发写得很美,经常有灵气飞动的神来之笔,他的新古典主义让人觉得他是昌耀再世,如《前世》、《鱼篓令》、《秋日会》,但是为古典而古典就会有"做"出来的句子:特地提魏晋、唐宋,谜面之裙下就露出了神秘。所以我更迷醉于他搁开新古典追求的那些诗:《秩序的顶点》、《丹青见》。

福建诗人汤养宗是个朴素的诗人,大巧若拙。其实我觉得他往往在诗行背后嘲笑我们。他正当壮年,却经常写到死亡,死亡似乎是一件欢乐的事。《抬棺材》写母亲出殡,《挽蔡其矫》说名诗人之死,我认为都是可以传诸后世的绝妙好诗。

王敖这位北大的摇滚歌手,到了国外,在爵士的即兴展开中找到当代诗寓有序于无序中的方式。他那种精妙而放任的形式感，让人想起李商隐《无题》的韵致。王敖的典型风格是既嘲弄又赞美形式感，像爵士乐那样表面任意即兴，逗弄地靠近又逃离旋律。

不过可以总结一下我为什么选这几位诗人：当代诗人，最好不要"大智大慧"，不要想做荷尔德林、里尔克、艾略特、叶芝，不要想用诗来揭示世界的本质，存在的真谛。自以为哲人的诗人，写出来的东西必定过于"做"，沈奇给了一个词，叫"端"。端架子，是当代中国诗的大病：每天读到的过目即忘，甚至无法读到底的短诗，成千上万，哪一首不以深刻自居？哪一首不败于以深刻自居？

那么什么是好诗？我的衡量标准是"小聪明主义"：诗本来就短小，每天网上浏览到的诗又太多。小聪明灵光一闪，才能让读诗者感到眼睛一亮，触到诗意的快感。当然，聪明而不外露，肯定更好。哪怕在传统的书面诗歌时代，"小聪明主义"也是好标准。我在中国当代诗人中等待斯蒂文斯《冰淇淋皇帝》那样的聪明劲儿。

已成名的诗人，最好的作品，最让人忘不了的，依然是"小聪明诗"：西川的《现实感》组诗，尤其是第一首《我奶奶》，形式上非常完美。唐晓渡的无题诗《比烟缸更是烟缸》令人喝彩。西安诗人伊沙非常聪明，可能伊沙的讥讽笔调有点露，让有的读者、批评家不快，但这是他的风格，有个人风格就是好诗人：所谓诗，不就是说得有趣？

一首《张常氏》让我忍俊不禁,大笑后半天无语沉思。

大多数女诗人过于严肃,但是她们有时候会写出比男人更"小聪明"的诗。尹丽川的《再舒服一点》已经成了"小聪明经典"。宇向的《半首诗》让人击节赞叹,小聪明到永远不忘,虽然女诗人老是写爱情,但是把现代女性心理写到这种程度,应当说是神来之笔。如果让我推荐一首当代诗,仅仅一首,《半首诗》是我的选择,原因?用小聪明写出大聪明。

当前,诗的处境,诗的前途,正经历一个大转型。幸好,当代诗歌有两个阵地。一个是学院:中文系是诗歌攻不破的堡垒,教师梯队培养是一个永久的事业,只要在学院里还有老师必须教诗歌,学生必须读诗歌,那么诗就不会绝灭:这在全世界都是如此。学院这块最后的避难地也有坠毁的危险,我知道有一个诗歌教授对学生说:"评论某诗人吧,因为他是个大款。"中国诗评界真已经堕落到当二奶的地步了吗?

另一个是网络:有了网络,诗人发表方便,读者也方便,不用那种费钱费事的诗集出版作为中介了,诗歌理应借此机会复活重生。网络的困难在于人人发表,鱼龙混杂。时代赋予诗评家新的使命。

当代诗歌的历史要靠批评家来形成,现在是诗评家站出来承担责任的时候,为读者,也为历史。

翻译要谈,不翻译更要谈

真理往往是最明晰最简单的,虽然真理要一本好书才能说得清楚。俄国理论家罗曼·雅克布森有一句话:"能指必是可感知的,所指必是可翻译的。"与所有真正的名言一样,说的是常情常理,细想却明白深意无穷:能指可以感知,这感知如何而得,就不是我们能规定的:"无物之象,恍兮惚兮",只要有象,哪怕恍惚,也必有深意。对于受国外影响,我们有作家诗人的自白文字,也有他们的作品为证。把话说得大大方方,把话说得躲躲闪闪,或干脆一句不说,都是对于治翻译史者的挑战:广征博引收罗证据,有意义;蛛丝马迹剔抉幽微,更有意义。既然"不说"能够被感知,不说就有意义,不说的原因更有意义。

而中国文学史,长期把翻译文学这一大块搁在外。这空白本身,也证明治文学史者识见有所短,能力有所缺,言说有所忌,心有不可道之隐。文学翻译对中国现代文学运动的影响,至今没有被充分地综合到先到文学史中,这背后也有一定道理。近年这方面似乎有所突破，出现了一些功力扎实的研究，而熊辉的研究（《五四译诗与中国早期新诗》，人民出版社，二〇一〇年），更以资料翔实，论证周密，迥出流辈。不过我猜想，现代文学史一直苦于材料几乎用尽，不得不在旧材料里翻箱倒柜。看到熊辉的这个概念，就像遇到了一位潜于深山几年后归来的探宝者。你可以自己走不进这大山里去，你不可能忽视这位探宝者慷慨地给你看的如此多珠玉富矿。

而且，熊辉发现了一条巨大的矿脉，藏量远远超过已发现的、已勘探的，会有不少人进山继续探索下去：熊辉创造了一个新的概念，极大地扩展了翻译研究的领域，那就是"潜在翻译"。熊辉指的是"五四"诗人明显地读了某些外国诗，没有翻译成文，但是留在脑中的印象极深，最后在创作中浮现出来。谓予不信，熊辉手里拿出实证：在私信里谈过所受影响的《红烛》之源头；连私信里也没有说所受影响的《死水》之由来。

当然，说闻一多是未受外来影响独立创作的学者，可以继续打笔墨官司。他们没有受影响的宣告就是无影响，从文本对比里看出"潜在翻译"，证据不足。而且这种说法，似乎含沙射影，说闻一多译过草稿，没有拿出来，索性改写成自己的诗。按我的理解，熊辉的潜翻译概念，不是如此简单：潜翻译是一项非常高贵、独创性很强的思维活动。潜翻译，就是真正的理解。明白地说：所有的理解，都是翻译;要理解,不可能不翻译;一旦理解了,就是潜翻译,早晚会在自己的作品中显露出来。

因此,读懂了一首诗,就是在脑子中做了一道翻译,自己对自己说:"哦,原来如此,我明白了白发三千丈的意思,就是某某意思",每个人不同的理解,可以有不同表现方式,唯一的不可能的理解方式,是"白发三千丈的意思就是白发三千丈"。

这就让我们回到了本文开始所引雅克布森的话:对某件事,某个文本,理解了,脑子中必定做了一道"翻译",必定另一套语汇解释了一遍。这"另一套语汇"不一定是另一种语言,当然不排除另一种语言。"可译性"指可以用语言解释,也包括可以用另一种符号再现。任何一个思想不可能纯然地呈现为思想,它必然需要表现,而"理解"就是给它另一种表现:不可能用原表现方式理解一个表现。皮尔斯说"每个思想必须与其他思想说话",就是这个意思。

那么诗人读懂了一首外文诗,就有绝大可能是用中文想了一遍,谁叫他是个中国人呢?而且很可能用的是诗的语言,谁叫他是个诗人呢?更可能用中文诗的语言想了一遍,谁叫他是个中国诗人呢?

熊辉提出的"潜翻译",我的理解就是诗人读外国诗的过程。如果这个过程被永远搁置,永远忘却,倒也让文学史无话可说,但是偏偏熊辉研究的是中国现代诗的开山始祖，他们的思想过程，他们的所思所虑，构成了我们今天无法摆脱的传统。

而且"潜翻译"这条矿脉绵延深长：雅克布森说的这"翻译"，并不一定是语际翻译，还可以是不同符号系统之间的"翻译"。与"五四"时期诗人作家相比，当代的诗人作家对外国诗题目令人注目地噤如寒蝉："五四"诗人作家几乎个个精通外语，几乎个个大谈读外国文学作品的感受；而且几乎个个动手翻译，译者兼作者是"五四"本色行当，这传统一直延续到卞之琳、钱钟书，一直延续到穆旦、陈敬容。难得有不懂外语的，如汪静之，也不惮坦言，说自己勤读别人的汉译。

而中国当代诗人作家呢？难得遇到一两个诗人作家懂外语，要肯兼做翻译的，是特例中的特例。是不是当代文学不受外国文学影响呢？表面上的确如此：几乎没有一位当代作家诗人，像"五四"一样津津有味地谈外国诗佳作。我们都明白，这背后的原因实际上很俗气：如今不同"五四"，译本太多，而译本人人能读，有什么可炫耀的？

套布鲁姆"影响焦虑"之说，我称之为"影响势利"（Snobbery of Influence），好像非要上西奈山得到十诫的摩西，还道村庙中得到九天玄女天书的宋江，才用作宝贝，随时说起。但是人人可得，不等于人人有悟。不翻译不等于他们就摆脱了翻译，只要他们读译本有所感，反映在他们的作品中，他们一样是参与了翻译影响本国文学的过程。

中国人读了某些外国诗有所感,不是他们喜欢上这几个外国诗人,而是这几个外国诗人喜欢上了他们。某些外国诗人回答了他们心中的某种呼唤,用"显翻译"或"潜翻译"的方式,在他们心中创造了某种共鸣。而这种共鸣的余音,一直缭绕到我们的文学传承中,到我们今天的文学活动中。既然如此,我们怎么能忽视这么重要的一大块文化活动?中国现代文学史不研究这一块,如何能自称完整?

这就是为什么熊辉的"潜翻译"值得好好理解,尤其是值得关心中国诗的朋友好好读。至于治中国文学史的学者们,他们今天可以不读,明天可以不读,不可能后天也不读:因为那时候他们的学生都读过了。

症状的症状

我小时候是个病秧儿:上世纪五六十年代,少年期肺结核依然肆虐中国。那个时期,青少年理应健康如八九点钟的太阳。一个少年竟然患肺结核,哪怕肺结核病患者当时很多,都是不应当的事。最后,我不得不离开学校休学。

读到谭光辉的书(《症状的症状:疾病隐喻与中国现代小说》,中国社会科学出版社,二〇〇七年),我回想自己的病史。谭光辉讨论的不是疾病这个主题,而是疾病这个主题之所以在中国现代文学中讲述成为主题的原因。病到底是患出来的,还是讲出来的?科学界对讲述极其怀疑,因为讲述把细节串成一个有时间顺序因果链接的故事,就必然带着道义目的论,科学的客观性却不允许有目的论。医学是科学,应当拒绝讲述,病痛也是真切的感受,但是医生听病人讲述,学校的老师听医生讲述,家长听老师讲述,我听父母讲述,最后的休学,就成了这一连串讲述的结果。原先是一堆症状,一叠病检材料,实实在在的科学证据，经过一连串的讲述，毫无虚构地讲述真相，其结果是未曾预料到的：被讲述的对象原是病的症状，最后讨论的却是对我的处理：被讲述的对象推到意义指涉圈的背景中：在语言对前因后果的讲述中，病本身变成了语言的构筑。这时医生反而"保护"头疼脑热之类症状，不愿意匆匆对症治疗，他要留下症状为讲述提供"事实根据"，至少，他要仔细保留在病史里。

我不能说医学认为症状比疾病重要，对我的处理，也是为社会认同的。的确，生病经历不是虚构，但是一旦牵涉到社会的态度时，文学的虚构讲述，与医院学校的"客观"讲述，恐怕区别不大：一旦需要对疾病进行讲述，就需要社会的共识，需要人们的信念。讲述有理了，病也就存在了，有了意义在场的充实性，疾病就成为疾病。

谭光辉的书，就是告诉我们这个疾病的意义在场，告诉我们疾病是如何在中国现代文学中讲述出来的。不仅如此，此书还告诉我们现代中国每一阶段，对疾病的讲述，不仅质上不同，量上也不相同。他的书，谈的是症状的症状，也就是对中国文学的病症描写做做"症状阅读"。此种阅读阐释方法，在中国学界，已经有人做过，但是没有一个人做到如此大的规模，贯穿整部文学史。历史一旦贯穿，就不是让个别作品变成詹明信说的民族讽喻，整个中国现代文学就成了一个巨大的讽喻。

如果批评者把文本看成病人，那么我们就有理由问：

批评者怎么会有这个洞察力,看到讲述背后的真相?看到症状的症状?谭光辉论题的难点就在这里。我认为,首先要弄清,我们要解释什么真相?我觉得这正是本书最精彩的部分:作者讨论的不是小说中疾病主题背后的真相,而是疾病讲述本身的真相——他雄辩地证明了,讲述背后找不到真相,讲述本身却有真相:每当中国社会明白自己在做什么,"中国人病了"的讲述就处处出现,"东亚病夫"就成为中国人激烈的自我批判的武器;每当中国社会不明白自己在做什么,中国人就没有病了,中国文学也就不写疾病。

可以看到,谭光辉把疾病讲述看成特定时期中国社会的文化产物,而不是笼而统之的"中国文化"产物,这样他就超越了整个二十世纪中国知识分子的认识水平。这个关于疾病讲述的真相,就不在讲述疾病的文字之中,而在文字之外;不在小说讲出来的情节里面,而在小说未讲、不能讲、不可讲的地方。谭光辉最着力分析的,不是讲述话语的意义本身,而是作家这些"文化中人"的意识,如何让他们用每个人自以为特别的方式做病症讲述。因此谭光辉做的,不是刘鹗那样诊病开方,也不是鲁迅那样只诊病不开方,他是在拷问这些医案,这些病史,是怎么写出来的。

这时,唯一让我们明白的疾病讲述真相,就是真相本身的隐身病症。小说讲述的是真相的反面,或者说,一旦被小说讲述，真相就不在场了。那么谭光辉本人如何能逃脱这个讲述悖论呢？他把中国现代文学中的疾病讲述说得头头是道时，我们如何能肯定他没有把中国现代文学的疾病讲述化呢？是的，这的确是一个怪圈。要跳出这个怪圈，唯一的办法就是不断作自我反省：不断提醒自己，无论哪种讲述本身，终究是一种目的论行为，容易在力求自圆其说的努力时，构筑另一个讲述迷思。我认为谭光辉的书中，表现出足够的自我反省能力。试看他讨论所谓疾病与变态的这段精彩论述："反对变态的批评是权力话语的奴隶，容许变态的批评是自我的主人，前者是批评的变态，后者才是批评的常态。"我们看到了作者对自己思想方式的审慎，我们也看到了一个文化批评家对主体能力有限边界的自觉。应当说，这本书对讲述的性质如此透彻的理解，在中国现代文学研究著作中很少见到。谭光辉这本书，是一本值得仔细读的好书。

改变颜色的风

邱振中是个特立独行的人。我在伦敦的时候,收到他于一九九四年出版的《当代的西绪福斯》。这是一本大画册,我给一位英国的汉学家看,他非常惊奇:"怎么中国书法家可以写这种内容?"他指着邱振中的一幅书法,写的是西方现代诗的汉译文(我记得是我在《美国现代诗选》中翻译的美国诗人斯塔福德的诗《保证》)。"中国书法家不是一律书写古诗古文吗?"我说:"你只说书法如何?"他沉思地说:"这是我看到的最接近现代抽象绘画的中国书法。"

这倒是让我吓了一跳:是不是抽象绘画我无法判断,一个西方人对中国书法,能做到如此理解已经不错,不过这也是非常高的赞誉。我没有就此事请教过邱振中,我知道他不同意书法是中国的抽象表现主义的说法,我只是觉得他在中国的国学理论家中非常独特:他是中西古今混乱不当,一切都可以糅合到他独特的艺术之中。今日读他自己的诗集(《状态—IV》,中国人民大学出版社,二〇一年），又让我想起这段往事。

上世纪七十年代末在各高校读研究生是可以全国乱跑的，到哪个学校都有"同学"接待你，很有点"文革"中串联的样子，不过在宿舍里给你找到床位的、到饭堂里打饭给你吃的朋友，期待的回报是彻夜长谈：谈正在读的书，谈正在让自己激动的思想，谈各种我们自己都一知半解的理论。只要是类近专业的，就能沉瀣一气，因此我到杭州（忘了旅行的具体目的，只记得那是个奇热的夏天，宿舍里无风扇），就在西湖边上找到了"浙美"，找到了范景中、邱振中。范景中当时正迷恋贡布里希（后来社科院语言所的杨成凯与他一起完成了《艺术与错觉》的翻译），我当时正开始钻研形式论，邱振中学书法理论，我原以为那是纯粹的国粹，读古人点评式的书论，不会是"同学"，不料聊起来特别来劲：他迷恋现代诗。邱振中是艺术家中少有的身材魁伟，范景中是北方人却是小个子：文不如其人。

在几乎没有理论可说的书法理论中，邱振中立志为中国书法理论寻找一个全新的"基础铺设"，我研究的现代文论，却是西方人已经经营长久的营盘，所以我对邱振中的雄心非常佩服，心里却存着犹疑。形式论的最高境界是"可操作性"，也就是一个理论或命题，能应用于这类型的全部文本，拒绝停留在对个别文本的感悟体验上。邱振中想在书法研究中建立的，接近这样的境界："使一种陈述有可能成为以后陈述的可靠基础"。这时候，邱振中理工科大学教育的背景起了一定作用。

在书法理论上,他是当代新书法学的开辟者;在书法艺术上,他是大开大合天马行空之人;在诗歌写作上,邱振中一样是特立独行之人。他在任何领域都受不了蹈袭前人——哪怕是所谓名家大师的旧尘蹊径。从八十年代起,我就读到邱振中的诗,我还没有读到一个做理论的人写出如此出色的诗,我自己是作理论的,也特别爱诗,但是我很少能有写诗的心境,也从来写不出好诗,所以特别欣赏邱振中的诗。

但是邱振中的诗不是理论家的诗,而是诗人的诗:诗有别才,非关理也,以理为诗,是诗之大病。我们读诗时,不想读到艺术理论,不管如何高妙的理论,不管用什么样美妙的形象比喻。诗就是诗,书法就是书法,理论就是理论,样样做得像样,做的高明,做的让只攻一行的人佩服,这不是一件容易的事。如此通才,史不多见。

但是我们依然能感到邱振中始终燃烧的是什么样的热情,那是一种观察的热情,察而不言,不破坏艺术的感官直觉性。"我从不向风景提出任何问题"(风景),艺术作为艺术并不回答任何问题。但是经由艺术,一切都会改变。"每一片经过这里的风都改变了颜色"。(舞蹈)一样是以舞蹈比艺术,这比叶兹的名句"怎能区分舞蹈与舞者"更说明艺术的本质:艺术改变我们的经验,也就改变了世界。

当艺术与艺术相遇,产生的也不是理论,而是艺术的互相激荡:"一匹马已经叠放在一匹马上一只手已经融化在另一只手的背影中",艺术不可能通过理论来理解,理论不解释艺术,理论只能试图解释我们对艺术的反应,即所谓艺术的"意义",这种意义出现的方式,可能会有规律可循:"当一扇门中穿过的一切正好是另一扇门中穿过的一切时,我们称之为重合,而不管它们相距多远。"

那么艺术究竟是什么?回答这个问题,不是诗的任务。我们只能知道艺术不是什么。我觉得或许用诗歌来描述艺术不是什么。邱振中的绝妙诗作《感觉是个脆弱的容器》有句云:"山脉离你远去……山那边人们都很高大他们说着你不懂的语言。"艺术就是我们不懂的语言,艺术在表现中消除对经验的有效理解,让我们像看着大山远去一样,对世界目瞪口呆。

归根结底,我们只能静观艺术,也只能静观艺术家。"道路不是在每一次跋涉中都能把握的形式"。对于真正的艺术,我们像看到上帝的签名一样,只能顶礼,真正的艺术灵光一闪,不是靠修养能得到的。我想艺术家本人也只能膜拜。因为这只是造物主借他的手指在工作。

很少有艺术家,同时玩转两门完全不同的艺术:书法这门古老的艺术,到今天还被人叫做"新诗"的现代诗,大多数人至今认为这两者不相容。但是它们真的不相容吗?中国国粹真的与现代形式不相通,必须封闭起来发展吗?邱振中他的理论雄辩地否认了这一点,他的艺术更雄辩地否认这一点:艺术不是如此,不必如此。

第四次敦煌书写

这个沙漠中孤零零的绿洲,在玉门关西却并不孤悬漠外,正好是汉文化向西的出口,希腊印度中亚文化东来的入口,它注定成为几大文明拥抱的地方。这样的交会地点全世界还有若干个:小亚细亚与地中海邻接的巴勒斯坦、帕米尔兴都库什山的开巴尔山口、天山喀什山口,等等。敦煌之所以成为敦煌,是因为它不是一个简单的交通隘口,不只是兵家必争之地,它是中亚东亚十字路口一个书写的地点,一个从事艺术的地点。当年玄奘印度取经,往返都在敦煌住下静修做最后准备。从四世纪到十二世纪,敦煌用多年壁画、塑像,用羊皮卷、绸卷、纸卷,书写了人类历史上少见的持续性的艺术积累。

第一次敦煌书写,是洪荒初开混沌,诸神创世,人类问世,天地狂迷人神不分的欢欣境界,然后才有王朝兴替起伏,仪式美轮美奂。第二次敦煌书写,才是想象的具形体的意象,才有得道高僧诠释经书,才有各种文字中的雅俗人生。所有我们称作艺术的东西，都凭着神迹汇集到这个沙漠中的小小绿洲，置放鸣沙山的洞窟中：敦煌似乎是把世界和人类艺术化的最好地方。第一次敦煌艺术开天辟地的是诸路天神，第二次敦煌艺术创造想象世界的是各族英雄。

然后，沙海中的敦煌，被遗忘在八百年的世俗琐事之中，只有一些偶然路过的放逐官员，一些流亡者失魂落魄的眼睛，曾经从路上投来漠然的眼光。二十世纪初，敦煌突然被欧洲人"发现"，实际上是十九世纪全球地图画尽不再留空白的必然结果：俄国人越过西伯利亚进入中亚，英国人从阿富汗北上，法国人从中印半岛探向北方，阿古伯的叛乱，左宗棠的西征，敦煌成为各种力量会合的地点：现代性的手指无情地把敦煌这个沉睡的美人撩醒。就在二十世纪的第一年，流沙坠落，洞壁光开，露出了多少世纪珍藏的五万卷经书，岂是偶然？冯玉雷小说《敦煌佚书》（作家出版社，二〇〇九年）中的斯坦因发现民歌中唱的神秘数字"二六五一九〇〇"，竟然是藏经洞揭开面目的日子，悚然醒悟他和周围的人都"落入了历史的圈套"，当然他们落入的是小说叙述的圈套。

在哄哄闹闹的现代，这些文卷已经无法保存于荒漠。敦煌文献大约六分之一到了伦敦，六分之一到了巴黎，日本人、俄国人在当地民众中收购达六分之一，其余六分之一流落于民间，或者已经当做取暖木材烧掉。终于，行将覆灭的紫禁城也采取了行动：最后有六分之二运回了北京。敦煌这个美丽的"公主"由此向现代世界揭开了她的神秘面纱。这是敦煌的第三次书写，书写者是冒险家、盗贼、流浪汉，牧民。这是一次惊心动魄的大搬移，一个至今争论不清，责任不明的故事。

从那以后，才出现了"敦煌学"（Tunhuangology），关于敦煌的第四次书写：它以"文献整理"、"语言解读"、"历史研究"等种种面目出现。但是敦煌书写的本质是艺术，因此它也以敦煌美术、敦煌歌舞、敦煌叙述，甚至敦煌旅游、敦煌重建等方式出现，围绕敦煌而出现的现当代艺术活动，可以说是第四次敦煌书写。冯玉雷的敦煌小说是这个第四次书写潮的重要部分，这次书写不仅是在延续敦煌文化，而且使敦煌书写进入全球化的大环境。

从这个历史语境中读冯玉雷的敦煌小说，或许我们能明白一些《敦煌佚书》的特殊写法，它的艺术特殊性。的确，这本小说非常奇特，但是作者要处理的题材也过于特殊：如此奇特的三次书写，怎样才能在今日重新展开？

冯玉雷要写不是一时一地的敦煌，而是波澜壮阔的敦煌艺术。要把如此繁复的内容写出来，要把三次书写揉成一个故事，小说不得不采用的写作法，看起来类近后现代文学手法——奇幻、拼贴、杂糅，小说中甚至出现了不少当代词汇"助听器"、"武斗"、"蛊惑仔"、"学术造假"，"寻宝协会"。作者是在提示我们，他的写作在延续发生在敦煌的书写运动。实际上这是敦煌三次书写的本来方式：第一次书写已经把西王母、湿婆、释迦牟尼、弥勒、观世音、希腊有翼天使，都汇合在不止一个起源的宇宙中；第二次书写已经把匈奴、党项、蒙古、西夏、于阗、印度、中原，混杂在一道，把吐火罗文、藏文、去卢文、西夏文、唐五代俗讲变文，中规中矩的典雅汉语，都书写在一道：人类远远不止一个肤色，一个信仰。第三次书写汇集了更远的旅人，更开阔的兴趣：敦煌之所以为敦煌，之所以成为三次书写的汇合点，就是因为九流云集，四方杂会，兼容并蓄，集众为一。要把这三次书写写进来，冯玉雷的第四次书写方式，不得不跳出任何已知的现代小说写法，自创一路。

这部小说最让人惊奇，也许是让某些读者费思量的是，小说把敦煌和中亚发生的一切，都看成是"裸奔"，一个延续至今的行为艺术。裸奔就是让人物脱掉外衣：无论是民族的、宗教的、语言的，武力与文化霸权的、金钱优势的种种外衣。三次书写中的神话英雄，文化英雄、民间英雄，都在这本小说中成为艺术参与者：《敦煌佚书》，就是"敦煌艺术"。

小说的叙述没有信仰的分割，种族的仇恨，霸权的戾气。艺术本来就是无功利的，如果有一点功利的考虑，人们何必到沙漠中这个敦煌，用两千年时间堆集这个无用但是珍贵无比的艺术集合？斯坦因在这里寻找成就感，蒋孝琬在这里寻找知遇之恩,沙洲驼队的牧民在此寻找"精神家园",王道士在这里寻找善捐做修洞经费。这些都是历史上的有争议人物,但是小说的把他们都变成书写艺术的工具。他们的命运已经被先前的书写写定在敦煌:斯坦因在一千年前匈奴骑士的脸上看到自己的眼睛,而惊奇万分;蒋孝琬在鄯善军官千年之前的告急木简上愕然看到自己的签名;王圆箓似为与阿古柏对抗的部队文书,却被黑风暴卷到敦煌;瓦尔特伪造文书,原本却来自梦境。而卷入沙洲驼队冒险的几个女子,发现自己竟然是于阗公主,早就被画在三清宫边石窟的壁画上,他们加入斯坦因的探险,只是为了要有"三个裸奔少女给绿洲带来希望和吉祥"。

而且,小说中的都像是才从《山海经》里走出来的。蒋孝琬失踪的父亲竟然名"夸父";民工"卡特"是个阳痿男人,靠洋药帮助才得以复原,而"卡特"是突厥语"文卷"的意思;卡特与夸父在书中渐渐合一,似乎蒋孝琬到新疆遍地来寻找的不是父亲而是佚书文卷;能翻译佉卢文的神秘人物"大夏"单独带一支测量队进入深山;大夏之弟"八荒"是雕玉世家传人;沙洲驼队主人"昆仑"是一位老驼主,他的睿智让蒋孝琬心折,几乎要认他为父;"阴无忌"是左宗棠军低级军官,靠寻宝为生;"五蕴"是牧民,靠他的机敏把斯文·赫定从死亡沙漠带出来;"寒浞"据说发现了阿古柏的秘密金库,暴富后买官;和田知州名字叫"周易",和田寻宝协会会长叫"杜笛",阿布旦的天主教牧师却名叫"牢兰"。而几个女子的名字更新奇:"采诗"、"善爱"、"百戏"。小说中的玉币上无法破译的文字竟然是"驼唇文"。作者有意忽视人物的民族和宗教特征,因为他必须写出的,不是二十世纪初的历史事实,而是重现世界之始尚无民族之分时的神话。

为了延续敦煌书写,人物在小说中转世,再世,一再献身于这个"行为艺术"。大部分人物虽然免不了男女感情纠葛,却都是孤男寡女,单身众生。虽然两个女子"在同一天生下双胞胎",似乎也是为了接替这个艺术的下一代。甚至这本小说《敦煌佚书》,也在小说的故事中出现过多次,冯玉雷只不过是让小说本身——敦煌艺术本身——再次转世。敦煌的时间与空间一再被重置,但是敦煌艺术的魅力随着年月越加增长。小说气象万千,不拘绳墨,文字汪洋恣肆,场面荒诞无稽,似乎都是为了让这第四次书写,配得上先前的书写横空出世的气派。这种奇异涉险的写作法,谓之狂想亦可,谓之狂欢更佳。

是不是敦煌的第四次书写都是这样写法?不是。现代中国知识分子写到敦煌,无不是一把伤心泪,捶胸指责,顿足悲愤。但是他们的实际行动呢?罗振玉在北京六国饭店看到伯希和的敦煌藏品展览拍照,编成《鸣沙山石室秘录》;王国维根据斯坦因在沙漠中发掘到的木简编成《流沙坠简》;胡适在巴黎看到现存最古老之《坛经》敦煌古本,而确定南禅宗的渊源;刘半农在巴黎抄敦煌卷子辑为《敦煌掇琐》;陈垣《敦煌劫余录》由陈寅恪作序而立"敦煌学"之名。

这些人满足于在各国首都的博物馆里翻检,没有一个人亲自到敦煌来。藏经室发现后是有报告的,清政府再穷途末路,如果翰林院坚持,也不敢拒绝给这点经费;地方官员再颟顸腐败,对带着宫廷尚方宝剑的要员还是不敢怠慢。中国人民有权指责"西洋盗宝贼",中国知识分子却没有资格:难道大家真的都必须都在日本闹革命,或是在北京闹复辟,不能有几个人移贵步过来看一眼吗?中国士大夫知识分子要来敦煌,怎么说也不会比玄奘当年更难吧?困难也不会比从阿富汗或吉尔吉斯过来,长途穿越沙漠的洋人更多吧?如果他们四体不勤,缺少这个体力和魄力到敦煌走一下,那么有什么权力指责西方探险家早到一步呢?伯希和如果知道自己是偷盗,何必把赃物在六国饭店展出?而如果没有这次展出,罗振玉等人怎么会明白宝库的存在?正是因为敦煌文献的分散保存,今日的《敦煌文献数据库》才有可能汇总?五国合办的《国际敦煌项目》,一百多万多件来自敦煌和丝绸之路上的写本、绘画、纺织品及器物的信息和图片,也才有可能在因特网上免费使用。

敦煌的第三次书写,是各国学者通力的结果。其中有冲突,有损失,有抢劫式的剥取,但是总的来看,敦煌变成了一个世界通力合作的课题,这不是一件坏事。敦煌文卷已经分开了,几乎像当年文化在敦煌汇集一样分开了,这恐怕也是不错的安排，比毁于兵火，毁于朽烂好得多。但是敦煌还在，敦煌书写重新开始，而且会更加辉煌。

冯玉雷这本小说，基本上以斯坦因的经历为主线，他没有去纠缠斯坦因是不是帝国主义者，蒋孝琬是不是卖国贼（虽然他让语言天才蒋孝琬拒绝学英语），王道士是不是历史罪人。在作者看来，艺术才是文化的、神圣的，而历史是世俗的、暂时的。没有必要指责一件艺术行为中此人彼人的作为：历史把敦煌推到世人的注意力之中，这不是道德行为，而是艺术行为：本来，到这个荒漠中来寻找历史就是荒唐，是舍近就远，来到这里寻找艺术，才是正道，是舍意求象。小说中的斯坦因最后融化在叙述中，他"折来半截芦苇，像驼工一样做成古朴的芦笛，吹几次，竟然悠扬地吹了起来"。

幸好，自从梁思成与一九三一年"亲自来到"敦煌考察建筑，中国知识分子开始为前辈的疏懒羞愧，他们一代代来到敦煌：张大千、常书鸿、段文杰、史苇湘、樊锦诗、席臻贯，不管人间天灾人祸，前仆后继，与沙漠共命运，老于沙漠，有的甚至葬于沙漠，这才真正推动了敦煌的第四次书写：文化的冲撞应当产生艺术，而不是步步功利伟绩，处处勋绩彪炳的历史。历史作为艺术在不断延伸，敦煌进入冯玉雷的《敦煌佚书》在不断延伸。冯玉雷用他奇特的方法在延续近两千年来规模宏大的敦煌书写。

看过日落后眼睛何用

沈奇《天生丽质》（文化艺术出版社，二〇一二年）这本诗集，专为了揭示汉字的神奇。在他的理解中，汉字的确是世界上最奇怪的一个符号系统：它是语言，它又不是语言，因为它不会说话；它是图画，它又不是图画，因为它不描述；它是书写，它又不是书写，因为它呈现自己，并不用替代来再现。说它是个符号系统，是因为我们用它来做日常生活的传达：卖掉田里的青菜萝卜，牌价几何；买进道德经三千言，无价之书，其中完全没有符号的等价关系。我们至今能读懂《论语》，哪怕孔老夫子说"学而时习之"，口音比今天的广东话还难懂，比今天的上海话还难听。而任何其他民族要读懂他们"自己的"三千年前古籍，就要另学一种语言。我们中国人今天血统已经混杂，却依然是一个伟大中华民族，都是"黄帝子孙"，而欧洲人基因类似，却四分五裂成几十个民族，各拥有自己的一堆诗人，在鼓噪自己的诗句。

因此毕加索说他愿意做个汉字的书法家,"如果当不成毕加索的话";因此当庞德说"我们在汉字中找到一整套价值观,就像文艺复兴找到希腊",纳博科夫闻之大为惊恐,气急败坏地骂庞德是"老骗子";因此那个天才的保加利亚女子克里斯台娃,发现汉语实际上有两套语言:汉字书写是"生成文本",像根茎,可以长出许多不同的口语式的汉语土豆,作为"现象文本"。因此沈奇发现汉字魔术般的随机、随意、随心、随缘。是的,汉字本质上是诗性的,只有汉字,才是诗意栖居的家园:其他语言是砖块砌成的,汉字则是绿莹莹的婆娑树盖。

沈奇写这本诗集,也专为了揭示禅的神奇。多少现代诗人向往禅诗,犹如大旱之望云霓:中国诗歌后天失调,因为它用的语言不是诗的语言,现代汉诗,被沈奇神奇妙称为"一个伟大而粗糙的发明",长得太难看,实际上是个畸形儿。伟大是让步修辞,是因为只此一个,不伟大也只能伟大,而粗糙确是人所共睹。但是现代诗歌又是先天太足,中国文化史的积累足够丰富,其中的一个镇宅之宝就是禅诗。

禅非常神奇,它是靠自己从内部解构才得以存在,也就是说它的存在本身就是为了解构自己:说出来的就不是禅,不说出来的才是禅,禅就是说了没有说的东西。诗是禅翻个面儿的镜像:写出来的才是诗,不写出来的不可能是诗。所以禅诗是双重解构,而且是从相反方向解构:禅诗因为是写出来的，必不是禅；禅因为拒绝被说出，因此不会进入禅诗。如果一定要形诸语言，禅要求说得笨拙，诗要写得漂亮，全是南辕北辙：禅诗如果可能，必定是吞噬自身的意义漩涡。

我们写诗读诗的人不可能得到禅，我们只是与禅在玩游戏；我们也知道我们不可能得到诗，我们只是让诗在玩我们。这种意义的逗弄，才是诗的真谛。如果我们真正把意义抓住，我们就扼住了自己的喉咙。只有在禅诗中，我们才真正进入了人生的游戏：我们作为凡躯之人，肉身之人，心里灌满七情八欲的脏秽，得到禅悟是非分之想，要想读一首诗的短短几行字，就得到禅悟，且非狂妄？

既然禅不是禅诗，禅诗说的也不是禅，那么是否诗必非禅，禅必非诗？那么现代诗人写禅诗不是注定失败？也不是，因为他有一套接近禅境的工具，那就是汉字。教主菩提达摩知道，他在用梵文或巴里语的印度，不可能有传教的希望。他也知道在遥远的东方，有这个用特殊符号当文字的民族中国人，以及跟着学的韩国人和日本人，那里才是禅的希望所在。于是佛劫之后，达摩祖师一叶过海，来到东土；一苇渡江，南北景从。

汉字是诗的符号，也是禅的符号，汉字是不说出来的，是一种沉默的文字：一个"日"，可能读成ri，读成zhi，读成ni。汉字是不再现的，是一种非图画的图画文字，它超越此解彼解，自成一义。静观此字，犹如遥望西天海上那悬鼓之日。由此，沈奇说，当他写下"茶渡"两字，诗已经写成，余下的诗句，只是给出一种衍义可能：它可以是crossing after tea，可以是crossing while drinking tea，可以是crossing by tea：这些翻译都是解释，这些解释都马马虎虎可以，就像茶渡两字可以用任何笔墨，写成任何形状，但是写出来的都不是原来的二字。面对此种文字，西方译者肯定束手无策，他们的逻辑语言肯定迫害诗意，破坏禅悟。哪怕模仿中文，写成tea crossing，趣则趣矣，已经失魂落魄。而东方诗人和读者望之莞尔一笑："没有有现在更暧昧的时刻"。静下来，稍安毋躁。茶渡对面，就是婆罗密，就Piramita，就是彼岸。

沈奇的《天生丽质》是一本奇书，它让三个对抗的元素——汉字、禅、诗——相撞成为一个可能。就像建在瑞士地下五百米深的环形隧道里的欧洲大型强子对撞机（LHC），在近光速的粒子相撞后，或许会产生一个黑洞，宇宙生成状态之前的黑洞，吞噬一切的黑洞：于是我们这个浑浑噩噩平平板板自以为了不起的庸常世界毁灭了，在几十万分之一秒的时间内，另一个宇宙从黑洞里爆炸产生了。那是个什么样的宇宙呢？是不是会充满诗意呢？是不是会有生活的生灵来感知它呢？我们不知道，我们不必知道，因为我们已经看到宇宙塌缩和诞生的辉煌，我们已经可以想象一切：我们的想象已经能够超过一切。

那人兀自涉水而去

身后的长亭
尚留一缕茶烟
微温

  汉字在理性的宇宙创造一个黑洞，在那里，几世几劫世界冰凉之后，茶尚有微温，因为我们已经得到禅悟，我们可以释然。《观无量寿佛经》第一观，就是"日观"而得"方便"。太阳是我们心中造出的。看到日落之后，世界已经新生，另一个非此色非此法的世界。那么眼睛还有何用？诗还有何用？留一缕余温，提醒我们，凡人肉眼竟然也看到过如此天生丽质的境界。

辑四 书八戒

在那写论文的快乐时光

这本《当说者被说的时候：比较叙述学导言》（中国人民大学出版社，一九九七年）收入人大《海外博士文库》，实际上不是我的博士论文，而是我在准备博士资格考试，以及准备论文时做的笔记——读书笔记，心得笔记。笔记做多了，还没有动手写论文，这本不大的书自己成形了，时间是一九八五年的夏天。

我记得柏克利铺满阳光的街道，通向澄蓝的海滨，傍晚时分，雾气会从海湾卷上来，沿着街上的树列往前推进，而从海里爬出来的我，则开着我那辆二手车，赶在翻卷的雾前面开回宿舍：从后视镜里可以看到，雾气的前锋翻着滚着，像一群猫的鬼魂，奔跑着抓我的后轮——这真是个奇特的经历。为什么翻开这本稿子，就想起柏克利的街道，雾中的花树？很可能写这本书本身是我一生罕有的快乐经验：没有分数之谋、方帽之谋、稻粱之谋，也没有什么人等着看，完全是为了自己的快乐，想通一个问题后，那种爽然，那种触类旁通的乐趣，以后再也没有体验过。

叙述学实际上是个条理相当分明的"学问"。只要把头开准了，余下的几乎是欧几里德几何学式的推导——从公理开始，可以步步为营地推及整个局面。在人文学科中，这样的好事几乎是绝无仅有。尤其是，这样一门再清晰不过的学问，一百多年来有那么多名家，写了那么多的书，却要等到二十世纪下半期，到七十年代后，这门学问才渐渐成熟。而作为其出发点的几条"公理"，竟然要到八十年代才有人点破，而公理中的一条最基本公理，我觉得我自己的体悟，可能比旁人更为清楚。

这条公理就是：不仅叙述文本，是被叙述者叙述出来的，叙述者自己，也是被叙述出来的——不是常识认为的作者创造叙述者，而是叙述者讲述自身。在叙述中，说者先要被说，然后才能说。

说者/被说者的双重人格，是理解绝大部分叙述学问题的钥匙——主体要靠主体意识回向自身才得以完成。

由此，出现本书拗口的标题。

这条原则——我认为的"叙述学第一公理"，其他学者可能表达方式不太相同，也有相当多叙述学研究者可能一直没有说清楚。我个人觉得巴尔特和托多洛夫有几次差不多把这个问题点透了。但是英语国家的学者，或许是英语本身的简略特点，也许是英语学者难以摆脱的经验主义（一个"自主"的主体，是经验的前提），似乎没有关注这层道理——这个自身分层自身互动的道理。

困难在于,叙述学没有一个欧几里德。它是反向积累的:先有很多学者研究个别题目,例如"视角"、"意识流"、"作者干预"、"不可靠叙述"等等,然后有一些结构主义者试图综合成一个个体系,然后有许多后结构主义者试图拆解这些体系,只有到这个时候,公理才被剥露出来。本书的讨论得了后瞻的便宜,才有了一个貌似整齐的阐述。

从这个意义上来回顾,的确叙述学这门似乎并不复杂的学问,也只有依托当代文学/文化学的全部成果,才可能精密起来。首先是詹姆士、伍尔夫、普鲁斯特、契诃夫等人创造了现代小说,实践远远地走在理论之前,才在本世纪初引发了一系列关于小说技巧的讨论。但这只是叙述学的"前历史"。叙述学是二十世纪的文学文化理论大潮(很多人认为二十世纪是理论世纪,文学理论比文学创作成绩更大)的最具体实用的产品:世纪初俄国形式主义,索绪尔语言学,布拉格学派,新亚里士多德学派诸家群起;六十年代结构主义积富而发,直扣门扉;直到后结构主义符号学,以人类学术思想提供的最精密分析方法,登堂入室。所有这些学派无不关注小说的叙述(以诗为分析基型的英美新批评,也数次试图把他们的理论系统使用于小说叙述),把它作为分析其他人类传达活动文化活动的范式。

骄傲睨世的巴黎知识分子群体,竞争激烈的美英大学才子，如此多强有力的头脑倾注精力于此，必然有所原因。明白了小说的叙述学，就有了一套最基本的工具，并不复杂却十分犀利的工具，就可以比较清楚地进入电影学、传媒研究、传播学、文化学。反过来说，没有叙述学的基本知识，做这些研究就有可能犯一些沙上建塔的常识错误。

我这么说，并非危言耸听。我发现大学生研究生经常犯叙述学错误，往往使整篇用功写的论文失据。甚至专家们堂皇发表的文章，甚至参考书，甚至教科书，也会出现"想当然"式的粗疏。谓予不信，请看本书中举出的一些例子。

我不想说叙述学是什么了不起的学问。应当说，叙述学谈的看来是一些很浅显的分析工具问题，要弄清楚却还是需要动一番脑筋。尤其是，许多批评家似乎认为福斯特《小说技巧》、布斯《小说修辞》等比较容易读的"前符号学"叙述学著作，已经解决了全部问题。基于此而写出的整本小说研究，往往理直气壮地重复他们的错误——已经被后来的叙述学家说清了的一些错误。因此，系统地学一下叙述学（或补一下叙述学课），或许对每个专攻文艺学的学生有好处。

有鉴于此，我重新拿出这本书稿，希望至少有一部分读者会觉得有用。人民大学出版社愿意把此书收入《海外博士文丛》，对此，我非常感激。必须说清，此书并非博士论文。倒不是怕鱼目混珠：本书的讨论很实在（我的书都写得很实在，以至于有不少朋友认为我"没有学会西方学术语言"，这是极高的夸奖)，我对此书没有什么可惭愧的。我是怕引出误会：博士论文，至少在西方写博士论文，不能如本书这样扫描，搭建一个学科。论辩虽可以展宽提高，题目必须紧窄合体。博士论文，是一种"学步"，哪怕有飞跑能力，也得从慢走开始。此话我向自己的学生重复过无数次，在此再重复一次。不过此书确实是为博士论文做准备而写的，因此，也不算离题吧。

不管博士论文与否，都已经是许多年前的事了。

爱上形式

上世纪七十年代末,我在中国社会科学院研究生院师事卞之琳先生攻读莎士比亚,卞先生却劝我注意二十世纪英美的新批评,一种形式主义文论运动。我把散藏在北京各图书馆的资料都找来读了一下,一读钟情,立即爱上了现代形式文论——或许那种对思维整饬的追求,比较适应我这个力求化简的头脑。

我明白,意义是个云雾笼罩的迷魂阵,一个没有明确形状和边界的星云团。面对这个迷宫,批评家有两种态度可选择:一种是沉溺其神秘,醉步其曲径而不想走出来,用诗意转达玄奥,用美文抒发感官的享受,我们不妨称之为诗意的诗学;另一种是力图寻出一种理清的策略,找出一个可尝试走上一段的方向,哪怕走不出迷宫也留下几个路标或脚印。我们不妨称之为分析的诗学。

前者足知其不可为而不为,后者是知其不可为而为之。我毫不犹豫地选择了后者。倒不是因为勇敢,沉溺其中才需要勇敢。我作了一个计划,准备用十年时间一个一个流派,一个一个领域地读懂现代形式文论。下这个决心,倒也不是对"诗意派"的反感(中国道禅是现代诗意批评公认的始祖,但这派在中国后继者也不多),而是对盛行于现代中国的另一种批评不满,那就是"内容批评"。这种批评视文本为真实世界的描述"反映",因此用治理统治真实社会,或评说真实历史的种种规范标准来批评文学。批评家的工作类似检察官、或小报"道德法庭"专栏作家,整日价就人物该做不该做什么评是断非。既然无法惩罚想象中人物,就让作者和出版者对人物的罪过负责。

内容批评或许是一种对文学的自然而幼稚的反应。东吴弄珠客《金瓶梅序》云:"读《金瓶梅》而生怜悯心者,菩萨也;生畏惧心者,君子也;生欢喜心者,小人也;生效法心者,乃禽兽耳!"这四种人,都是"信以为真"派,都以内容作为文学的本质。现在却要添上第五种人"勃然大怒而痛加惩罚者,现代批评家也。"

我当时之所以要走形式文论之路,是感到这是廓清弥漫文学艺术批评(包括文学史研究)的"内容幼稚病"的唯一出路。压力自然不请自来,一个研究生做出个力挽狂澜的姿态,使个别诲人不倦者厌恶。其实我自己心中也虚得很。我的成长过程注定了我是个历史感很强的人,斤斤于形式屑屑于技巧,置文学的社会历史联系于不顾,我自己也感到未免过于偏颇,总觉得失落了什么。

在当时,七十年代末,中国批评界恐怕没几个人愿意弄懂,或能够弄懂形式文论的种种"科学化"的术语和分析方法,所以我的沾沾自喜,掩盖了自我怀疑。从那时起我苦读了三十多年形式文论,其间做过一些文学翻译,做了一些东西文学影响史研究,偶尔手痒,还写了些小说诗歌,但老学生从中国做到美国英国,又做回中国,这个读书计划一直在遵行。

大约在一九八五年左右,我从叙述学读到后结构主义的符号学,豁然明白了一个道理:形式分析是走出形式分析死胡同的唯一道路,在形式到文学生产的社会—文化机制中,有一条直通的路。是形式,而不是内容,更具有历史性。这一"悟"使我欣喜若狂,超越内容(或尽少依赖文学的素材)来探究文学与社会之关系,看来并非不可能之事。

然而,从这理论构想,到具体的令人信服的讨论,还要做许多工作。为此我选择中国小说从传统到现代的发展,作为理论构想的第一个实验。现在献于读者前的这本书,就是这个实验的总结报告。

我坦白承认,这个实验是理论先行的,并非纯然"从实践中发现真理"。然而,哪一种学术研究不是先有一个构想,一个待考验的模式?只不过一个诚实的学者应在研究中不断修正这模式。自然,先"研"范畴的存在本身就证明它决不是终极真理,甚至不一定是"真理",只是在特定的研究范围中比较"说得通"而已,只是在意义的混沌星云中能像模像样地理个头绪而已。但这一点不就够了?我们已经目睹过多少牢不可破的真理大厦之倒坍?

博尔赫斯认为意义歧出是中国思想,至少他笔下的中国古人按中国哲学思想设计了一个歧径园,一个小说的意义迷宫。可惜博尔赫斯又创造了一个自以为是的英国人,一个"中国通",重建了迷宫,识透了谜书。我呢?我是否能像那位"沦为"间谍的现代中国人,用打死这个走通中国歧径园的西方人,来表明我不仅猜得出这个谜,而且能把这谜用于具有现实意义的目的?

我希望我有博尔赫斯笔下那位现代中国人的自信。我的书试图提出一种追寻意义的策略。只是一种,而且只是策略,策略有好坏之分,有效无效之分,但它再好也只是一种具有"可行性"的意义构筑方式。

我的工作,是试图找出中国文化的文本集合构造如何限制了(而不是决定了)中国白话小说的叙述形式。只是中国小说的叙述方式至今未得到仔细研究,因此本书(《苦恼的叙述者》,北京十月文艺出版社,一九九三年)不得不把大半篇幅用于中国小说的叙述分析上,以设法使整个立论有个比较坚实的基础。而且,鉴于当时尚未有以中国小说为对象的中国学人写的叙述学著作,本书不得不花一部分篇幅解释了我的叙述学理论。不能说这是一个独创的"体系",但至少它更适合中国小说,也因此而与其他叙述学者的体系重点不同,论点也有所不同。就这意义上说，本书可视为中国小说的一本叙述学导论。

至于我研究的另一端——文化分析，应当承认，这本小书哪怕作一个中国文化结构浅略的扫描都做不到。本书能谈的只局限于中国白话小说的分析中能透露出来的一点情况。文化虽说是广义上的文本集合，但这一"广义"，就使它异常复杂，比叙述文本复杂得不可道里计。小说叙述文本，可以作为文化的窥视孔，可以以作为文化结构的譬喻，但仅至于此。显然，在这里，卑谦的自我认识是必要的。

在国外研究中国文学，有种种不利之处。与一般人的看法相反，西方汉学界的气氛妨碍学人"得现代批评风气之先"。知识界过于庞大后，以邻为壑就成为每个行业从业者自卫本能。西方汉学家热衷于与中国学者比考据，比版本学，甚至比僻字僻典，却不愿与洛特曼比理论视野，与热奈特比细密分析。至少可以说，汉学家很不愿意吸收采用现代理论的成果。能有意把现代文论用于中国古代文学研究的论文，在西方众多汉学论文中，实在是太少见。就这一点来说，我依然是个旅居国外的中国学者，我所关心的，也是作为中国文化人所关心的。身居国外至多只给了我图书的方便。

各种国籍主修各种科目的同学，在课堂讨论和作业中提出种种挑战，促使我进一步思考我的一些论点，经常迫使我采用更清晰的阐述。为走出混沌而寻找一个策略,但策略也有高低之分。我期盼有耐心读完全书的朋友逼我朝高处走,看得更远些,别让我不上不下地坐在山坡上,在孤独中自言自语。

窥者能看到什么

一九七八年早春,我从煤窑的黑咕隆咚里攀出来,地面亮得睁不开眼,但也凉得令人打颤。十年的体力劳动使我明白了一个道理:几十年来的文学方式和批评方式,所谓反映真相的现实主义,只是浅薄的自欺欺人主义。我贴近生活,贴得很近,我明白没有原生形态的、本在的生活,一切取决于意义的组织方式。

我到了社科院。导师卞之琳先生原是让我跟他研究莎士比亚,他看出了我自己尚不自觉的思想倾向,就建议我研究现代形式文论,从英美新批评开始。一九七九、八〇年,我跑遍了北京各高校图书馆,把当时能找到的形式文论书籍全部读了,顿觉豁然开朗,一通百通——文学是形式的构成物,因此文学批评不是为作品内容作道德评判,而是探究意义在什么条件下生成,在什么条件下被诠释。这样一理解,我觉得僵死可笑甚至有点愚蠢的文学批评,突然间全盘皆活,充满了挑战。

于是我下决心花十年工夫沿现代形式文论的轨迹走一遭：从俄国形式主义、到结构主义、到符号学、到叙述学。这十年中，虽然也写了一本文学影响研究，译了几本诗歌，而且因为一直在做学生，不得不去学拉丁文之类非我所欲的必修课，但我信守对自己许下的诺言，为形式文论写了六本书，编了两本文集。

八十年代中期，也就是我从结构主义开始，步入后结构主义时，在柏克利加州大学比较文学系遇上"资格考试"大关，不得不扔开理论，认真读大量中外古今作品，在大量的文本中找一贯通线索。此时又得一大悟：文学的意义组织方式并不停止于文本形式，形式是由社会文化与意识形态制约的。这不是对形式的否定，因为意识形态与文化历史本身也是意义的组织形式，甚至也是叙述形式——这样，从小形式到大形式，我们就有可能从文本这窗口一窥苍茫浩荡无形无态的历史运动。

就这样形成了我的批评立场：从形式探视文化。不是说内容不能成为批评对象，而是说，在我看来，跳过题材内容不仅是可能的，而且有些时候可能是可取的，尤其在描述文学的文化史时，文本形式的历史是最重要的审视点。

作为本书（《窥者之辩》，时代文艺出版社，一九九五年）"代序"的那篇笔记，最早是我提交给博士资格考试委员会的"理论提纲"。此后，中英文稿发表过多次，也修改过多次。第一辑中选的七篇，大都是用实例演化这个批评立场,我称为"形式／文化学批评"(a formal/culturological approach)。

我并没有糊涂到自认为这是唯一货真价实的文学批评。不过,在内容批评或纯形式批评的大海中,风何必只朝一个方向吹?

从矿井的深处跳到中国社会科学院,是凭了一个机缘,即几十年内中国第一次公平的研究生考试。中国这个考试古国,要到一九七八年才承认入学是要凭考试成绩的,真是迂回了一个大圈。当全世界还在靠身份、血缘等统治的几千年中,中国以考查掌握文本形式的能力来赋予一部分人以文化的控制调节权力。

如果说任何社会都是分层的,那么中国以文类分层代替血缘分层,而给人以社会地位变动权——只要掌握困难的高级文类,就上升入意义控制阶层,即士大夫阶层。如果说,现代世界多少都尽量少用血缘分层,而采用了中国式文类分层方式(如果我们把数理化经济法律等都视为文本形式),那么中国远远走在全世界之前——困难的形式,少数人弄得通的形式,也就是文化权力采取的形式。

这是我用形式／文化论观察中国文学史和文化史得出的主要看法,而把这看法具体化是我自八十年代末以来的主要工作。本书第二辑的三篇文字,基本上都围绕这个主题展开。

我承认,这是一种精英主义的立场。精英这词现在几乎成了一个脏词——势利、狭隘、而且危险。在中国如此,在西方也如此,但二者原因不同。美国学院知识分子以"种族、性别、阶级"(race, gender, class)为名向既成社会体制的发起的批判运动,看起来是为受歧视的大众代言,实际正是美国这样的社会中文化批判对体制运行起制衡作用的方式。而中国对知识精英的反感,却是既成体制与商业化势力迫使学院知识分子放弃文化批判的责任。精英主义在中国,只是八十年代刚冒出一点新芽,这些芽苞现在有被掐灭的可能。

"五四"运动之后,中国社会开始推行一个强大的文化均质化运动,在文学上表现为俗文学化(即所谓"大众化")。在社会伦理规范上,则是礼教下移运动。如果在传统中国社会中,道德"正气"的表率大都是政治或文章斐然有成的士大夫,那么近几十年来,都树立士兵、农夫、工人,或草根基层干部为道德英雄。

往远点说,宋明理学的社会实践,首次在中国推动了俗文学的兴起,以及礼教下移。明清至现代,礼教下移愈演愈烈。明初规定,表彰节妇烈女孝子贤孙,只给布衣百姓家,不给有功名的士子官吏家庭,后者奉行礼教是礼教本意,为礼教牺牲是士大夫作为意义上层本应付的代价,布衣百姓才需教化。这种政策造成全民道德狂热。明清两代历史成为中国文化衰败史,至少原因之一在此。

道德上趋向全社会均质,"六亿神州尽舜尧",就使原本应做尧舜的士大夫不愿再随俗。明末清初,"五四"期与八十年代,中国知识精英的"反文化"潮流,原因盖在于此。这也正是文化批判的制衡力之表现:似乎掌握困难文本形式的人,一有机会就想打破文化均质状态。礼不下庶人时,君子彬彬有礼;庶人尽礼时,君子以非礼骄人。

从这个基本立场出发,八十年代末我检查了中国白话小说从发生到转化为现代小说的全过程,试图找出这演变的文化动因。然后在九十年代把主要精力放在中国当代先锋文学的理论辩护工作上——这是情势使然,也是信念使然。

先锋文学曾很热闹一时,先锋文学的评论曾是热门话题。曾几何时,先锋文学之衰亡已成了似乎不必讨论的既成事实:继消闲文学、痞子文学之后,拜金文学又迅速占领了大陆书籍市场,而"主旋律"则支持"明朗、乐观、向上"的出版物。两边一挤,先锋诗歌现在几乎只能在网络上读到,而先锋小说家则被通过电影成名的可能耀花了眼。小说高手也只有文学圈内人才知道,一旦进入大众传播就可家喻户晓,可以与三四流歌星或电视演员比一比,这个诱惑难以抵御。地摊书商及背后暴发的书市黑手党头目成了中国新的无冕皇帝。

记得某位先生曾劝香港人不必害怕,大意是到了一九九七年,说不定香港内地化之前,内地已经香港化。至少在文化上,他的话已不幸而言中。

虽然不像前三十年,中国文化现在非均质,回到分层格局,只是这格局倒立过来:以前(传统中国,"五四"

期），雅文学是中坚，是意义控制与调节的支柱，而俗文学是依附与补充，在规范上认同主流文化。现在由于各种历史和现实对中国文化结构的扭曲，雅文学，精英文学，几乎无立锥之地。俗文学不仅占领了市场，而且据有意义权力，于是整个中国文化又面临一种新的全面俗化。尽管这次俗化并不是政权力量直接推动的，但知识分子保持了几十年没有没摧垮的自信心，现在却有被商业化的"天鹅绒拳套"击碎的危险。先锋文学最后的呻吟，文化人的呼救声，在经济起飞政治稳定的一片祝酒恭贺声中，几乎无人听见。

这是中国文化面临的重大危机。

本书最后一辑是中国先锋文学的理论辩护。在中国，这已是一个很孤独的事业。

或许是明其知不可为而为之。但既然我十多年的理论探索得出结论：中国文化需要这样一种精英式的形式困难的文学，我不得不坚持这种必要的孤独。

一九九三年四月。

我怎么会写起小说来的

每次听到有人问我"你怎么会写小说?"总觉得挺逗,这问题大有问题。应当问"你怎么不早写小说?"此话无人问过,是我常问自己。回答却一样不容易,三二句说不清的事。

有时我幽它一默:"小姑嫁错郎。"

一想,也不对,像事业不顺心者把责任全推到"毕业志愿指导教师"身上。我从无福气得到一点这方面的指点,只有在煤矿挖煤的七十年代将结束时,我准备考研究生,一位矿部主任对我说:"党叫干啥就干啥。"他一边拍拍我肩膀,减轻此警告的冲击力。对此我很领情,但研究生还是要考的。

即使当时有高人指点:"别急着去做学问,何妨试试创作。"我会写小说吗?不会。原因简单而颇为实际:太慢,浪费十年之后我已等不及,况且工棚紧挤的双层床之间没有一张桌子。

那位部主任果然实践他的警告，用许多大红公章阻止我"自谋出路"读研究生。能溜出煤矿已得念佛，还想别的？

学问做得不怎么样，只是十年无书读之后，读什么都可以。一九八一年我得到了富布赖特学者研究奖，跑遍了美国的图书馆和文学档案库，翻检世纪初美国诗人关于中国诗的通信投稿等等，题目已做得自得其乐。

一九八三年，在北京参加中美比较文学第一次会议，在筹备会上钱钟书先生用一连串惊天动地的俏皮话和奇经僻典的引证说明了他的观点之后，突然说："在座的青年朋友，不要做'学'忘了'文'。"当时我一惊，马上又镇静了：世上能有几个钱钟书呢？

此后又因为非常偶然的原因，到伯克利加州大学去读了四年书，四年忙着写报告哄教授，忙着教书赚学费，忙着拿高分抢奖金，连学问都不做。

我心里着急了，我已赔不起时间。早早读完，打起包裹，把我买的上千册书运回我尚无寸地之房的北京，完全没有留在国外的想法。最后一次去图书馆还书时，路上遇到导师白之（Cyril Birch）先生。他说："伦敦大学东方学院打电话来，说要招聘教师，你何不去一次？"

免费玩一次欧洲，何乐不为？这一路遇，却把我朝"学术"方向又推了一把，此后就没有走回头路的机会。

因此，对虚拟的问题"你怎么不早写小说？"只有一个简短的回答："从来就没有机会。"命运的鞭子催着我在学术之路上颠簸，从来没有尝试另一种选择的可能。

不过回过头来问，如果有选择，我会早十年或十五年成为一个小说家吗？这当然又是虚拟的问题，但从规律来看，似乎不太可能：凡是学问能玩几下子的人，创作总不太行。古人才高，《沧浪诗话》远比《沧浪集》写得漂亮；《笠翁十种曲》怎么也比不上《闲情偶寄》的戏剧理论；写论文都"笔底带感情"的梁启超，小说写得像讲义；而胡适"尝试"用创作说明其理论，只给现代文学添了几分窘。

自然，例外也是有的。茅盾作为理论家和小说家都领袖群伦；意大利符号学家艾柯（Umbeito Eco）几部鸿篇巨制让人叹服；英国文学理论家戴维·洛奇（David Lodge）写小说讽刺理论界入木三分；美国女批评家苏珊·桑塔格（Susan Sontag）写小说一样才气横溢。

这些都只是例外，在庞大的文人队伍中，这样的例外不形成统计学上有意义的数字。学术、创作，哪一行都得穷毕生之力，能做出点成绩已算侥幸中之侥幸。尤其是我这一代，浪费掉的岁月最多，被命运播弄得最惨，"文革"前入学，从六七到七〇届毕业的大学生，看着前面几年受完高等教育者，在八十年代成为功力深厚的学科带头人；再看后生几年的所谓老三届，没有半生不熟的专业教育束缚，在广阔天地里又少了点管束，多了一点心灵自由，新时期崭露头角的艺术家多出于此辈。自此以后，一代比一代机灵聪明，让人看得目瞪口呆。以五年一个学术代来计，我们这个"文革代",可以说是共和国旗帜下长大的最呆笨、最没出息、最少才气的一代,在任何行当都是人才出得最少,留在西方的职业人士也最少。我们只有半生可用,能入一行就算不错了,何复艺术?

既然如此,我怎么会在近三年写起小说(《居士林的阿辽沙》,四川文艺出版社,一九九四年)来?说起来可能不信,写小说是我的"怕挤"恐惧症逼出来的。我从小怕挤,情愿步行不去用肘子功夺公共汽车之门。

入了学术圈,发现同行轧挤得更惨。记得在"搞"海外文学时,一位前辈说:"上面老头还没去,你们下面又挤上来了。"可能是酒后真情,那股怨艾,听得我毛骨悚然。我心想,研究莎士比亚,怎么不到英国学界去挤?中国莎学界怎么嫌人多?

想到此,心里不是滋味,立即决定离开外国文学研究界,转向翻译;不久遇挤如故,转向现代文论;不久遇挤如故,转向比较文学;不久又如故,转向诗论诗学;不久又如故,转向叙述学。至今算来,平均每三年改一次学术方向,而今可以对每一辆公共汽车门前的拥挤者说:"其实上面挺空的,不过放心,我不上这个车。"

由此,三年前我才面临进入学术界十五年后的真正危机,才真正遇到一个选择机会:我可以写诗,写小说。戏台宽得很,况且我还能唱些别的戏目,既然是票友,唱得不好看官们会包涵。

为了归来的告别

这本散文集（《西出洋关》，中国电影出版社，一九九八年）收的，大多是近二十年来我写的与中西文学关系，或与外国文学有关的小文字。

离开外国文学界已经有整整十五年——一九八一年我接受了富布赖特研究奖金，去美国一年半，做中美文学的影响研究，以后就不再忝列于外国文学界诸公之后。但是，查一下这本集子中各篇的写作或发表年代，我自己也惊奇只有个别几篇作于十五年之前，大部分还是写于近十年。可见一入行当深似海，不容易走出来。

从八十年代中期开始，我转向以文学与文化理论为主业，连我喜欢的文学史影响考证也不能再做。看看这本集子，重做冯妇几乎是不可抵挡的冲动。一方面是早年的训练旧习难改，想到一个好题目，不禁手痒难忍，弃正业而不顾。

比如本书的第一辑《对岸的诱惑》，一共不过二十来篇文字，最早的与最晚的，几乎相距十八年。生下一个小丫头，也出落成个大姑娘了，这组文字却从未写完。一是这个题目不会写完：怕是到临终前，还会懊悔心里尚有几篇未能写出。不过，十八年了，还是只有半本书的规模，凑不成一个本子，也真疏懒得可以——身在洋关外，没有编者约稿的荣幸，也没有压力，写了也不知何处可投稿，于是就越发不成器。

不过上面所说的第一个理由——我的早年训练——实际上不存在。一九七八年第一次在全国范围招考研究生之前，我在离徐州一百公里的一个小煤矿，接受了近十年的再教育。无书可读，干脆不读，倒也爽快。七十年代中期，我的昔日同学们中条件最差的（出身与我一样乌黑的，"表现"与我一样不佳的），都一个个"再教育"成功，被调去到当时进口的大型化肥工厂作技术翻译，不知为什么就是没有我的份。千里迢迢到省人事局接待室去问，第一次还算客气，说"总有个先后"。于是赶快找了一本化学工程的英文书，读得津津有味，至今还没忘记那些怪怪的技术名词。读了二年，还是没有我的份，于是再去人事局问一次，却被训斥一顿，"你自己应当明白！"至今三十年过去了，我没有想出任何端由。档案如基因，我自己是否明白，无关于它对我的主宰。

真要考研究生了，才想起光靠化工英语是不行的。我妹妹费尽心力，从一个地方大学的图书馆借出两本刚开禁的英文书，挂号寄了给我：一本是三十年代商务翻印的英国文学史，纸片黄脆脆的，供在那里，看一页记住了再翻到下一页；另一本小小的，袖珍本的莎士比亚《十四行诗集》，几乎背了下来。这是我唯一的"早年"训练。也怪，就凭这还考了个第一名，我关于《十四行诗集》的小文得到卞之琳先生的青睐，靠了卞先生的坚持，当然还有政审人员的明智，档案袋里那些神秘基因才没有发作。我会对莎翁情有独钟（他是我唯一讨论过的前现代作家）：是他重赏了我日夜敬读的忠诚。

其实，不仅大学毕业后以劳动为主业，大学也以劳动为主课到军垦农场劳动两年，说是去边劳动边学习，因此还有英文老师一起去。直忙到大冬天雪封严寒无工可做，部队指导员才说可以考虑"业务学习"。先用两个星期清除白专思想，英文老师才始上课，一天学一小时《毛选》英译文，不到两天，大方向错误就很明显，思想斗争有了对象。一律停下，重新斗私批修，以后哪个傻瓜也不会无聊到想读英文。到最后，连英语老师本人（从上海外语学院来的一位归国华侨）也和十几个同学一起死在源于田鼠的"出血热"之中，可见"洋"文之毒，必有报应。

以后报应更为猛烈：我们从农场被送进了"五一六"学习班，两年没能回家的全体同学们都作为"革命群众"被扣下，除非把我们这些"对象"逼到承认参加过反动组织，不然革命的反革命的"一律不能回去过年"。学习班的领导是部队的军法处长,军容之威严令人打颤,不过他的麦克阿瑟式口号却是绝对糊涂:过年之前,攻势极猛,但是有了个时限,反动派就生熬出头之望;过了年关,群众已满腔怨气,革命也不够暴力了。我则被勒令每天坐着读毛选,三人轮班看我,每夜给我四个小时的睡眠,因为谁也不愿意值整夜班。我每天二十小时面对四卷红书,产生了深厚的感情,几乎背了下来,但背的却是英文——我坐在那里心头默默做中译英,让脑子保持兴奋,不然我早就死于极度睡眠不足。半年下来,除了几个打熬不住自杀了的"对象"及"革命群众",全体学习班一起活着解散,我则因为不承认是"五一六",被发配到煤矿。如此怪的读书法救了我一命。不过我很感激这个专业化程度很高的私设监狱,这是我在唯一真正学习的机会,我的大学。

以上种种故事,无非是说,我之读书,并非生性好学,而是上半辈子,读书一直是很羞辱,很罪孽,很苦恼,很受惩罚。现在捧而读之,不过是自我娇纵。阅读在现代文化中的地位,我非常清楚,也很明白读死书者,正在高速落伍,毫无可骄人之处。出这种集子,各位不妨当作医案:心理创伤的自我治疗,也就是说,与寻求真理之类的大事业不相干。

不过,我个人觉得,读书本来就切忌功利之心。说到底,中国人津津乐道的"学以致用","知行合一"等似乎不言自明之理,暴露出中国思想的一个根本缺点:过于功利。

为读而读，为知而知，至今在中国尚无道义根据。

我的一点小小经历，也在证明另一条道理：出西洋文化文学之关，或是出西洋海关，都不是容易善后的事，往往一生悔之不及。本书中说到的诸位中外文学先贤，很少有个善终。顾城出事之后有人说，顾城如果不出国，不会弄出如此人命大事，此说绝对正确。不是说顾城不出国就能长寿，在国内，诗人一样闹腾闯祸。我是说他不会在生活中遇到如此多难题，把一个只会看书写诗的脑子整个儿搞蒙。再例如，本书说到的吴宓先生，我始终没有弄懂，这个耿直的北方读书人，在美国读了几年英国文学，怎么就会认定自己就是雪莱再世，理该是个浪漫情种？可见书读了太容易闯祸。不读不饿死，洋书多误身。

而我外国文学"学术生涯"结束十五年后，竟然发现自己一直在写中西文学关系的题目，大文章当然写不出了，小散文竟然还能选出一本书，令我感慨不已，为本书提供了一个伤心书名：西出洋关——无归程。

有一条河叫豌豆

"豌豆居"者,不是"草庐"、"陋室"之类文人惭穷叹卑之词,而是得名于伦敦西南区的一条小河之音译,Wandle River,流经我家附近时,宽十多米;流入泰晤士河时有多宽,尚待查勘——从来没跑那么远。

我平时走的河岸,不过是家附近的几里。向南是一片park,英国人所谓park,不一定是"公园",也指不准房地产商开发的荒地。这块park荒草及膝,枯藤攀援,狐(一种"城居化"的红狐)兔出没于河水两岸。伦敦奇大,目前无市长市政府之设,由二十多个小城组合而成,每个城区自治传统悠久。我们这个城区以拥有几块拒不开发的荒原而傲视其他城区,号称伦敦最"绿"的城区。

向北走,三百米处,却是一座巨大的水轮,水流冲着木质的轮页,吱吱呀呀地转动。此一景有个讲究:这是英国十九世纪著名的"唯美社会主义者"威廉·莫里斯(Willam Morris)建立的"无蒸汽动力"手工艺工场,以水磨推动,制造他设计的印花布及各种室内装饰品。莫里斯作为拉斐尔前派中思想和行为最彻底的艺术家，当别的社会主义者指责资本主义道德罪恶（制造贫困）、经济罪恶（竞争造成浪费低效）时，他却指责大工业资本主义的审美罪恶（工业城市和产品丑陋）。

莫里斯认为，对中世纪的工匠来说，劳动是艺术，是享受，因为他们"参与全过程"，现代工业的八小时机械操作使劳动在审美上完全异化。

在十九世纪七八十年代，莫里斯是马克思指导的"科学社会主义"的同盟军。我不知道马克思、恩格斯有没有应莫里斯之邀，到豌豆河边漫步一番。

但是今日，莫里斯水磨，却是"绿色革命"的圣地，沿河边建了独具风格的手工艺市场。资本主义的其他罪恶暂且勿论，时到今日，更宜痛加针砭其审美罪恶：全面商业化使文化堕落更深，艺术以全面媚俗骄人。莫里斯地下有知，白骨难以安枕。

由此，有我这本豌豆居杂稿集。体例虽然不一，内容五花八门，旨趣却相当一贯：沿着豌豆河，顺着莫里斯的足迹，对当代文化作点艺术批判。

一面跟着莫里斯沿豌豆河跑，一面却止不住讪笑。

一笑莫里斯：对现代文化作的各种批判，成绩实在有限；经济竞争浪费极大，取消竞争浪费似乎更大；工业化以贫民窟代替了农家乐：豌豆河上游大片高层建筑，全是给英国"贫民"的公房,宽大而敞亮,令我这样不够穷的人望楼兴叹;莫里斯的朋友王尔德断言资产阶级对"性"将越来越不容忍。但是他若生在今日,就不会身陷囹圄。我们不得不承认贝聿铭的玻璃金字塔与罗浮宫一样美,悉尼歌剧院不比圣保罗教堂难看,而莫里斯典雅的花纹设计,已通过现代技术进入英国每个小市民之家。

二笑我自己:既不如英国文人有高傲传统,英国思想家有"牛桥"背景;也无法如中国读书人自居天子门生而以天下为己任,甚至无法如李白饮豪门之酒而高唱富贵如浮云。我只是个教书匠,我任教的大学,校长一职,早就不让学者担任,而外请前银行家。我要批判现代文化,先要问现代文化需要我来承担否?

三笑批判的依据似是而非:批判现代文化因为它以进步为名义做倒退的事——低效化、贫困化、丑化、庸俗化。倒退之所以应批判,是因为它与进步相反。批倒退是颂进步,批进步是因为不够倒退,我们(莫里斯及其当代追随者例如我)做的事,岂不是进退失据?既无个人立足点又无历史根据性。

三笑之后,我就明白,跟着莫里斯,沿着豌豆河,只能慢跑。

为什么不能大摇大摆跑个痛快?理由是充足的,方向是正确的,快跑却是没有用的。这个世界上,站得住脚的理由多的是。莫里斯就曾被恩格斯指责为"头脑糊涂";他的"每个工人都可以是艺术家"社会主义，不过是一种现代神话；他的返回中世纪美化昔日，听来只是一首哀歌。至于他的水磨，更可怜，展室里装一个电表，让人看指针艰难地推向十安培。

沿着豌豆河，我等跟着他的脚步，仰慕的是他不妥协的批判精神。作为现代知识分子，我们的责任是对当下文化指指点点谴责一番，而拒绝开药方：开的药方也不见得比莫里斯高明。我等的责任是提醒电子信息时代速度越来越快的主流文化，何妨看一眼豌豆河上这缓慢转动的水磨，犹豫一下，踌躇几步，想想我们的文明，我们每个人，在拼着命狂奔追求的，究竟值得否？

豌豆河水草翻动，翠鸟翔集。谋生营营之后，在河边慢跑几步，你会明白今人虽比古人机灵聪明，古人却比我们有智慧，原因不是今不如昔之类腐论，而是古人在思考时，远比你我耐心而自信。而我等比古人强的地方，是明白一边思想一边得笑三笑，决不会自以为比古人高明。

又及：Wandle River自从我打趣成"豌豆河"，竟成定译，不少人说明伦敦有豌豆河一景。所以当本文（《豌豆三笑》，上海文艺出版社，一九九九年）需要一个标题时，我大言不惭明目张胆地用了这个标题，把玩笑进行到底。

一九九六年十二月，伦敦。

为不严肃的文学史辩护

这本薄薄的书（《对岸的诱惑：中西文化交流人物》，知识出版社，二〇〇三年；上海人民出版社，二〇〇六年），写了二十多年，从一九七八年允许我按自己的兴趣读书开始，一直到今天。当然这二十多年也做了一些别的事，无非是读书教书写书——很多都是人生不得不做的事。从马齿徒长到满鬓苍然，多少"事业"不过是人生的规定动作，得分失分都不会太意外。人生悲哀莫过于此：动作做完，鞠躬下台，回想起来，只有一两个过门动作，允许别出心裁。

这本书不然。这是我想写的书，没有人要我写这种文字，绝对不是任何意义上的课业，既不能靠此争工资升级，又不能做学术会议发言，到哪个大学都算不上学术成果。一句话，这是纯为爱好而写，是一个有历史癖的人胡乱涂下的游戏文字，但是又积习难改，好玩之中，想说出点意思。

本书主要写二十世纪上半期中西文化交流史上的人物——西方人来中国，中国人到西方，看到了什么，学到了什么。为什么集中写二十世纪上半期？因为下半期这种交流突然停止，虽然因此而神游者反而越来越多，例如萨特神游"文化大革命"的中国。

二十世纪八十年代开始的国际大串联，人头攒动，狂潮汹涌。这次的大规模集体舞，每年来回的人数，可能超出上半世纪全部的总和，其历史印痕，至今不太清晰。因此，除了第四部分说到一些有关情况，暂时就不给当代"交流人物"每人一篇的待遇。

本书写到的人物，绝大部分已经辞世，留下一辈子是非，正好让我们后代自由发挥。

二十世纪，中国人到西方，是去做学生的：徐志摩去做曼殊菲尔的学生，金岳霖张奚若去做拉斯基的学生，吴宓梅光迪去做白璧德的学生，梁宗岱去做瓦雷里的学生。大部分人是望门弟子：严复没有做成赫胥黎的学生，李劼人没做成左拉的学生，李金发没有做成波德莱尔的学生，邵洵美没能做成王尔德的学生，只是伦敦和巴黎的空气中，全是这些人的遗踪神韵。至今中国人来西方，大半还是当学生。

西方人到中国，是来做老师的：庄士敦来做溥仪的老师，燕卜荪到西南联大做老师，杜威罗素萧伯纳来给整个中国知识界当老师，瑞恰慈几乎要给全体讲汉语的人做老师。一九五一年,最后一位硬留下来的老师燕卜荪被赶走,换上俄国人做老师。我个人认为,有师无类,有人讲课总比没人讲课好。最好是师出多门,三国行必有吾师;只要不做一边倒的"好学生",不必句句当真理就是了。六十年代初把俄国老师也赶走了,天下事益发不可为。

一教一学,教的什么?学的什么?是近代西方特产,二十世纪最重要一门功课,即是"现代性"。中国的现代意识,可以说是"学得性现代意识",不是中国文化的自然发展。吾友王宏图谓:"中国文化传统资源,不敷以支持现代化。"我的看法是,中国传统文化从来不是用来支持现代化的,而是维持历史相对稳定地循环往复。不过这不是中国文化的致命缺陷,张之洞挑起的体用之争,李约瑟发起的中国固有现代性源头之寻,都是无事生非。

现代性及其"进步"观念,只是欧洲文化的产物,其他文化都缺乏这种前行性。如果现代化无可避免,学习就是;传统文化有维持稳定的价值,继承就是。何必在优劣高下上纠缠一两个世纪,趋长避短见机而作,"何必曰面子"?由此看,日本人明治维新一开始就能做到这一点。中国"五四"一代,也能做到这一点;回顾徐志摩、许地山、闻一多、老舍、刘半农,他们留学时,都遇到这个面子问题,他们的对付方式,各有千秋,似乎都不像有愧于"民族大节"。就这一点,我们有必要怀念"五四"那一代留学生。

也有些西方人感到西方文明大有缺陷,西方需要好好向东方学习。他们真是西方人中的圣贤。感觉到西方文明存在问题,也就是觉悟到现代性并非万灵妙丹,"进步"并不无穷尽地给人类带来好处。这部分西方思想家,不少引用中国作为"理想文明"的榜样——古代中国,尤其是道家,但是儒家也并不缺少信徒;以及当代中国,尤其是"文化大革命"中的中国,几乎是"另类文明"的地上天堂。

对于这一类中国崇拜者来说,最大的危险,是到中国亲历一番:本书第三部分"梦游者"中,有几位短暂到过中国,却没有多说。一点不奇怪,他们对所见所闻宁愿保持沉默,也不想改变头脑中已经形成的中国神话。还有些更聪明的中国迷如庞德,如韦利,干脆一辈子不到中国来,遥遥保持"崇拜距离"。

本书没有写"梦游"四方的中国人,极而言之,整个二十世纪中国知识界,整部中国现代思想史,就是朝西的"梦游记"。有几个人,能在扫描范围之外?那样本书就无法选材了,而且,可以说,绝大部分现代中国文化人,如果想向西方学点东西,会千方百计到西方走一遭。亲自看一看,不会惊破好梦。除了一次大战之后的西欧荒芜残破,曾使梁启超不胜惊怵,很少有人被西方的现实吓一跳的。

当然也有例外。我能想起的,有俞平伯,北大"新潮社"健将,一九二〇年与傅斯年共赴英伦,慨然有尽收西学之志。不料在英国住了不到一个月，就打道回府。后来在自述中说"金镑涨价，自费筹划尚有未周"。傅斯年回忆录说是这位好友"思家心切"，气斯面包难于下咽。俞出身苏州名门，同光朝大儒俞曲园脉裔，从小就延请家教学英文，"筹划"七八年竟然"未周"到一出国门就精神颓唐，终身厌听"西方"二字。然而俞平伯一生，努力将西方"科学式"批评用于红学，五十年代被钦点批判为胡适学派第一人。或功或过，能归于一个月的留学？

还有另一个例外：辜鸿铭。此公生于南洋，在英国留学十年，弱冠后才踏上中国土地，竟然成为中国传统文化最激烈的拥护者。中文虽然错字连篇，却用典雅的英文宣扬中国文明，而且身体力行，主张男人应留辫子纳妾，女人应缠脚吸鸦片。很多人说此老实际上一半西人血统，只是北大同事赞同的他偏要反对，反对的他偏要赞同，事事作秀而已。辜鸿铭要留着中国不变，以便为西方文明补缺。如果我像辜鸿铭一样好走极端，我就说此老是个汉奸。

应当诚实说明，这不是一本成体系的书：中西文化交流史，是个严肃工作，我只是弄些奇闻轶事，茶余谈资。哪怕写人物，也远远说不上全面。我没有处理中西文化关系中一些最重量级人物：去西方者，我没有说严复、蔡元培、胡适、陈寅恪、赵元任、汤用彤、钱钟书；来中国者，我不去碰杜威、罗素、马尔罗、司徒雷登、李约瑟、斯坦因、克莉斯泰娃、宋塔格；梦游者，我敬而远之布莱希特、海德格尔、德里达、福柯。为什么？因为这些都不是一言可以蔽之的人物，不容易找到一个特殊的焦点，把重大问题说得有趣一些。这些人物都需要专门研究者来处理，不然很可能胡说一通。

特级人物中，唯一的例外可能是庞德。这是因为我从上世纪八十年代出国就研读庞德，算是对其人其事有点心得吧。

第二应当说明的是，我有意略过了西方绝大部分汉学家，也不谈中国的西方文化研究家，因为他们对对岸的兴趣，是职业性的。他们的贡献自然极大，没有他们，文化交流就会在十九世纪的皮毛上打圈子。但是文化交流的基础，不是对异国文化的知识，而是对自身文化的卓见——真正起作用的，必须是误读，而有意义的误读，只有熟悉自身文化的思想者才能做出。从这个意义上说，跳出新舞步的人物，必然是"业余"舞者。

最后应当说清的是：此书中我个人的"研究成果"不多，大部分都是读各种英文资料，有所感想。感想本极廉价，这个世界上只嫌太多。而"切实地掌握第一手资料"，却是做专家的首要条件。我读到的资料，都是专家们扎实工作几十年的成果。我不可能为此书中写到的这五十位人物，都做一番发掘第一手资料的努力，那样这本书至少需要五百年才能完成。

依学术规范，我应该当密密加注，说明资料来自何人的功绩。但是这些小文,毕竟只是轻松读物,加注只能让非专家读者厌烦。我在文中尽可能说明资料的来源,尤其当这个源来得有意思的时候。

我唯一可以辩解的是,传记材料虽然来自他人,我却设法给每个写到的人,找一个有意思的,或许专业研究者没有看到的角度。这就是为什么此书写了二十多年:传记多矣,并非读几本,就能凑一篇;新角度可遇而不可求,二十年来也就只遇到这些。

增编版补记

这本书是四年前出版的,书店售罄,读者又需要,只消重印,本不必出新版。

但是此书有点不同,我在原序中已经说了,平日随便读书,看到好题材赶快追踪跟读,所以;书不厚,写了二十年。日积月累,渐渐攒成一本。原书出版后,读书未停,到图书馆翻阅的旧习未消退,四年中自然而然又积累了一批。于是撤出原书中与我的其他书重复的篇目,加上十多篇新篇目,是为"增编版"。

原书出版,只当了一件自家心事,为二十年的乱读书做了盘点。不料各方面反应,出乎意料。

首先是不少文友来谈轶事,有点像现在博客的"跟帖"。来信补充的,质疑的,反驳的,互联网上遥应一下的，甚至有远道来找我商榷的。一人读不如众读读，我把各人的跟帖记下，新版本增加了不少"补记"。如果历史能这样靠大家累积写成，岂不太妙？

另一个没有料到的是，不少大学老师用此书做"教辅"，研究生写论文用做出处，评审教授往往来问我学术根据何在。一开始就只是当做自我消遣来写，材料没有详尽注明，论事没有说各方观点。我只能打着哈哈说"心外无物"。

我在此特地说明一下：书中说的，都有根据。只不过已经写成游戏文字，就不想再做成高头讲章了。

这本书可能无心对上了有意，击中了现代文学文化史的一些紧要空白。如果真是如此，此书或许能提示有心者：有些好题目一直被忽略。

二〇〇七年一月十一日，成都。

比较西学

我在美国住了近十年,在欧洲住了近二十年,之前住在中国,之后又住在中国。在三个地方住的时间都够长的,可以让我自称有资格谈谈三个地方文化之异同。

如果我有意语出惊人,我可以大而化之地说:美国比欧洲"后现代",而中国很多方面不如欧洲"现代",另一些方面却比美国更"后现代"。这话说起来很绕口,想起来很费解,实际意思却并不复杂:美国与欧洲,可以说是"后现代转型"的两种不同模式,而中国正在这两种模式之间依违,正在设法寻找中国式的前行道路。这是大好事,因为任何一种模式都不尽适合中国。

要寻找道路,条件是我们对现成的两种模式都很熟悉。至今说说美国文化的书已经很多,仔细说说欧洲的书却太少。美国是行动的,欧洲是沉思的;美国是数量的,欧洲是质量的;美国是功能的,欧洲是符号的;美国是实践的,欧洲是文化的;美国逐利为先,欧洲福利为主;美国是一门心思的，欧洲是临事多虑的；美国事事一味求新，欧洲在传统中创新——所有这些说法都失之于简单化，实际上欧美都是混合经济，多元文化，上面说的，无非是主导因素。我的这些文字，不少还是欧美一起谈。但是，许多国人认为欧洲美国，是同一个"西方世界"，却失之于粗疏。

本书（《有个半岛叫欧洲》，上海人民出版社，二〇〇七年）这些文字，是细细观察欧洲的记录，大都是我在欧洲的最后几年写成的，那时我已经在准备回中国居住，虽然还是以一个观察者的心境在写，心里却已经有一点紧迫感：已经在准备对欧洲说再见，正要对漂流生活来个收结。因此，写这些文字，心境是复杂的，有时甚至感慨系之，却又时时看到我将要回归的中国。

同时，这又是应国内一批报刊约稿而写的——《万象》、《中华读书报》、《二十一世纪报道》、《南都周刊》、《外滩画报》、《新京报》，等等。这些报刊编辑的众口一词，要求篇幅短小，风格佻达，题目轻松，文字有趣。可能《书城》、《收获》是例外，他们要求用比较实足的篇幅，写一批比较有深度的题目，这就是本书第四辑一些较长的"大散文"。我个人敝帚自珍，觉得把问题的方方面面都说了，总算写出了自己，不是一味迁就。

不过短文趣文，自有其好处。虽然有可能把沉重的思想弄得轻浮浅薄，但是也能把严肃的题目变得轻松俏皮。这不是一个容易接受与否的问题，这是对思想的一个基本态度：思想本身包含着对自己的反思，对自己的嘲弄。这也是对文字的一个基本态度：不讲趣味的文字，是没有品格的文字。

须知，学术论文无非是强词夺理，创作无非是强词夺情，散文无非是强词夺趣——不患夺理情趣，只患无强词。我自己不得不三副笔墨轮流用。而且经常要用英文写，就要六副笔墨"抛球"，马戏团的干活。

这三者，夺情容易，夺理也不难，夺趣最难。如果读者诸君能嘻嘻品味，看出一点趣味，我感谢你们。

我写这篇序言时，已经离开欧洲回到中国。重读校样上的一行行字，我又梦见了你，欧罗巴。

二〇〇六年三月。